JN297345

織田信長が実践していた！
野望を実現させる
「現代ビジネス戦略」

はじめに

戦いに勝つ秘訣は何か——。それは相手よりも大きな兵力を持つこと。19世紀の軍人で軍事学者のクラウゼヴィッツも「兵数が敵方よりも優勢であるということは、戦術においても、戦略においても、勝利の最も一般的な原理」（『戦争論』）と述べています。武器が同程度なら、兵士の数が多いほうが有利で、織田信長、豊臣秀吉、徳川家康ら戦国大名も可能ならば、数で圧倒する戦略・戦術を選びました。

ただし、どんな大国であっても、常に相手を上回る兵力を抱えているとは限らない。相手より少ない兵力しか用意できなければ、戦いには勝てないのか——。

そんなことはありません。カギは敵を分断することです。

たとえば、自軍の動員数が1万5000、敵方が3万だとすると、まともにぶつかると勝機はありません。敵方が自軍をA軍、B軍、C軍の3つに分け、三方から包囲攻撃を仕掛けてきたとします。絶体絶命のピンチですが、敵方が3つに分かれているのに対し、自軍は1つにまとまっています。

全体で考えれば自軍が劣勢ですが、A軍、B軍、C軍のそれぞれに対しては1万対1万5000で自軍が優勢です。そこで、最初にA軍をたたき、次にB軍と戦い、最後に

C軍と決戦するようにすれば、それぞれの戦いでは自軍のほうが優勢ですから、いずれも勝つ可能性が高い。ただし、敵を上回るスピードと機動力、兵士のタフさなどが要求される苛酷な戦法です。

敵を分断した上で、兵力を集中して個別に打ち破る戦法なので、「各個撃破・集中攻撃」と呼ばれています。ヨーロッパではナポレオンやプロイセンの参謀総長モルトケらが得意とし、わが国でも信長や家康らの戦国大名たちが盛んに用いました。2万5000の今川義元軍を5000の兵で打ち破った信長の桶狭間《おけはざま》の戦い、8万の秀吉軍に2万の家康軍が痛撃を与えた小牧《こまき》・長久手《ながくて》の戦いが、その典型的な例です。

この各個撃破・集中攻撃を経営に応用したのが「市場の細分化」「標的市場の設定（ターゲッティング）」というマーケティングの代表的な手法です。新規にビジネスや事業を始めるとき、まったく新しい画期的な商品を投入する場合を除いて、市場にはリーダー企業や大手企業がひしめきあっています。新興企業や中小企業は、なかなか食い込めません。

そうしたときは市場を小さなかたまりに分割し、細分化された市場の1つを標的市場に設定。その標的市場に経営資源を集中投入し、ニーズに応じた商品を積極的に売り込み、標的市場での安定した地位を目指します。

このように戦法や軍事学を踏まえた経営手法は数多くあります。そもそも経営学それ自体が軍事学をベースにした学問で、戦略やリーダーシップなどの用語も、もともとは軍事学に由来するものです。「どのようにして敵に打ち勝つか」と「どのようにして競合企業に打ち勝つか」は相似した問題で、実際、戦争・戦闘の経験と知恵が、そのまま経営やビジネスに生かせることも少なくありません。戦国武将と経営理論は決して無関係ではないのです。

本書はマイケル・ポーター、ピーター・F・ドラッカー、フィリップ・コトラーらが展開した経営理論を織田信長の生涯の事跡《じせき》から解説する試みです。

信長は戦国時代屈指の合理的精神の持ち主で、課題や問題があった場合、感情やしがらみ、伝統ではなく、理性による解決を図りました。効率やスピードの重視、独特の人材育成術、リーダーシップのとり方、イノベーションへの積極性など、マネジメントに携わる者やビジネスマンにとっては示唆に富んだ人物です。ある意味ではポーター、ドラッカー、コトラー理論の先駆的な実践者といえます。

本書には経営学の巨人たちの理論のエッセンスと信長の実践の知恵が詰まっています。読者の皆さんの課題・問題解決の一助となれば、これにすぎる喜びはありません。

平成25年2月　岡林秀明

織田信長が実践していた！
野望を実現させる
「現代ビジネス戦略」

目次

第2章

信長×ポーター② 差別化戦略

美濃攻略

「兵農分離」を実現し、天下統一に向かって走り出した！

第3章

信長×ポーター③ 競争優位の戦略

三方ケ原の戦い、長篠の戦いに見るバリューチェーンの優劣が勝負を決める！

第4章

信長×ドラッカー① 事業部制（分権制）

「本能寺の変」後、信長軍団司令官たちの生き残りをかけた熾烈な戦いが始まった

第5章

信長×ドラッカー②　イノベーション
兵農分離から楽市楽座
1つのイノベーションが次のイノベーションの扉を開く

第6章

信長×ドラッカー③マネジメント
清洲同盟
存続かけた非情、恫喝、裏切りのマネジメント

第7章

信長×コトラー① マーケティング3・0

名物狩り

茶器さえ文化マーケティングの手段にした、信長の「茶の湯革命」

第8章

信長×コトラー② ブランド戦略

本能寺の変と山崎の戦い

秀吉は善玉対悪玉の感動ストーリーづくりで、後継の地位を固めた

織田信長の<野望>年表

天文	3年（1534）	織田信秀の嫡男として誕生
	20年（1551）	父・信秀が死去、家督を継ぐ
永禄	3年（1560）	**桶狭間の戦い**で勝利し、今川義元の首を挙げる
	5年（1562）	清洲同盟　徳川家康と同盟を結ぶ
	6年（1563）	清洲城から小牧城に移る。家臣を城下に集め、**兵農分離**を行う
	7年（1564）	尾張国最後の抵抗勢力、織田信清の犬山城を攻略
	10年（1567）	斎藤龍興の稲葉山城を攻略し、**美濃平定に成功**。城の名前を岐阜城と改め、拠点をここに移す この頃から天下布武の印文を使い始める
	11年（1568）	足利義昭を奉じて上洛
	12年（1569）	撰銭令を発布
元亀	元年（1570）	姉川の戦いで、織田・徳川軍が浅井・朝倉軍を破る 石山本願寺との抗争勃発
	2年（1571）	比叡山延暦寺を焼き討ち
	3年（1572）	**三方ヶ原の戦い**で、徳川・織田軍が武田軍に大敗
天正	元年（1573）	足利義昭を追放、室町幕府が滅びる／武田信玄死去 朝倉義景、浅井長政を攻め滅ぼす
	2年（1574）	伊勢長島の一向一揆を粉砕
	3年（1575）	**長篠の戦い**で、織田・徳川軍が武田勝頼軍に完勝 京都妙覚寺で千利休を茶頭に茶会を催す
	4年（1576）	岐阜城から近江・安土城に入城 **第1次木津川口の戦い**。毛利水軍と大坂湾で戦い、惨敗
	5年（1577）	紀伊の雑賀一揆を平定。反旗を翻した松永久秀を討伐
	6年（1578）	**第2次木津川口の戦い**。毛利水軍を圧倒し、リベンジに成功
	7年（1579）	明智光秀、丹後を平定
	8年（1580）	石山本願寺と講和
	9年（1581）	豊臣秀吉、鳥取城を攻め落とす
	10年（1582）	滝川一益が武田勝頼を攻略。信濃・甲斐を攻撃、武田氏を滅亡させる 明智光秀が謀反を起こす。**本能寺の変**。信長の野望絶たれる

新たに獲得した領地

尾張完全統一

美濃

近江、伊勢、志摩、大和、摂津、河内、和泉、越前、若狭

飛騨、丹後、丹波

信濃、甲斐、能登、加賀、伊賀、播磨、美作、因幡、伯耆、備中

野望実現度

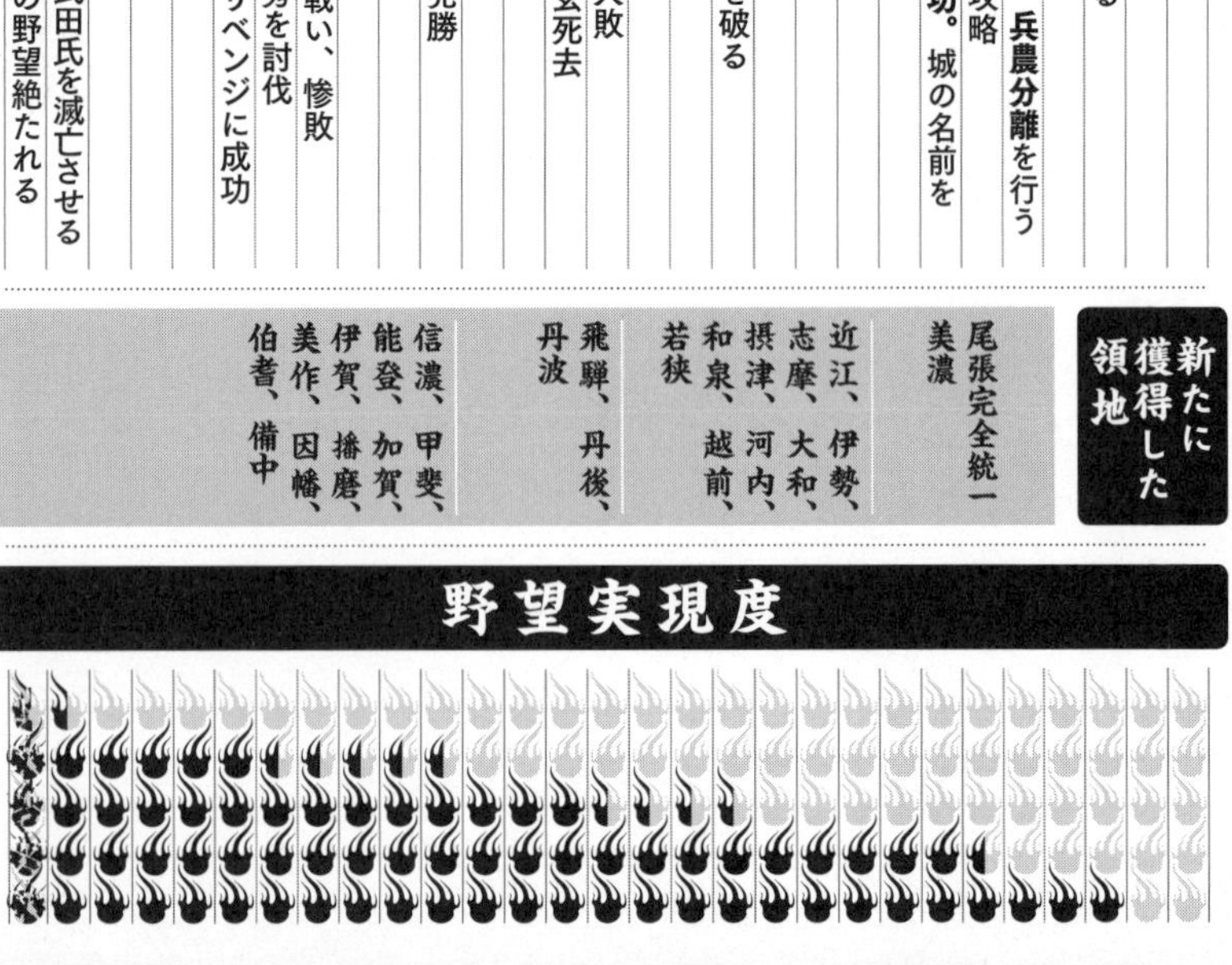

第1章

信長×ポーター①
競争の戦略

桶狭間の戦い ― 戦力の集中投入で今川義元の首を取った

マイケル・ポーター（1945〜） アメリカの経営学者、ハーバード大学経営大学院教授。ミシガン州にて生まれ、プリンストン大学航空宇宙機械工学科卒業。ハーバード大学大学院にて経済学博士号取得。ファイブフォース分析、バリュー・チェーンの手法などを提唱。代表的著書『競争の戦略』は企業経営者、学生のバイブル的存在。

1章の視点

ポーターの集中戦略と〝リーダー企業〟今川氏を仕留めた「桶狭間の戦い」

尾張半国20万石程度の領主にすぎなかった織田信長が、天下人へ飛躍するきっかけとなったのが、永禄3年（1560年）5月の「**桶狭間の戦い**」でした。この戦いで今川義元をくだし、東からの脅威に備える必要がなくなったことで、宿願の美濃攻略を果たし、天下一統《てんかいっとう》（天下を握ること）の野望実現への道を歩み始めたのです。

義元は駿河、遠江《とおとうみ》、三河の約100万石を領有し、尾張にも足がかりを持つ、東海一の戦国大名でした。このときの動員兵力も信長が、せいぜい4000〜5000だったのに対し、義元は2万5000。兵力差を考えると、どちらが勝つかは火を見るより明らかでした。

ところが、結果は大方の予想をくつがえします。信長軍のスピーディーな攻撃で桶狭間に陣取った義元軍の本隊はたちまち崩れ、義元は、あっけなく討ち取られました。指揮官が死んでは遠征軍を維持できません。兵士たちは義元が討たれたことを聞くと、われ先にと逃げ出し、信長軍の圧勝に終わったのです。

本章では桶狭間の戦いに焦点をあて、その勝因をマイケル・ポーターの「**3つの基本戦略**」の1つである**集中戦略**から解きほぐします。戦略とは業績を向上させるための効果的な方法のことで、簡単にいえば、優先事項（何に力を入れるのか）を決めることです。

3つの基本戦略とは、初期のポーターが『競争の戦略』のなかで提唱した考え方の枠組みで、**競争市場、つまり複数の事業者が競い合っている業界で、他の事業者（競合他社）に打ち勝つため、もしくは負けないための方法**をいいます。

ポーターによれば、高業績を収めるためにとるべき戦略は3つしかありません。それは第1に**コストリーダーシップ**、第2に**差別化**、第3に**集中**です。

コストリーダーシップとは業界のリーダー企業となって商品の価格決定権（価格を決める権限）を握ったり、コストダウン（出費を減らすこと）を実現して、競合他社に低価格競争を仕かけたりといったコスト面の優位性を全面に押し出した戦略、差別化とは価格、品質、スピード、付加価値など、競合他社にない自社の強みを顧客にアピールしていく戦略、集中とは人、モノ、金、情報などの経営資源を1つの分野、事業、商品などに集中して投入し、競合他社との違いを打ち出す戦略をいいます。

マーケット・チャレンジャー
信長が義元に挑み、つかんだリーダーの地位

ポーターの「5つの競争要因」で生き残るための戦略をつくる

マイケル・ポーターはピーター・ドラッカーやフィリップ・コトラーと並ぶ経営学の巨人です。『競争の戦略』『競争優位の戦略』の2冊の著書が有名で、経営学や事業経営の分野で「競争」「戦略」という言葉が盛んに使われるようになったのは、ポーターの影響によるといわれています。

著書のタイトルからもわかるように、ポーター理論の核心は「競争」と「戦略」にあります。競争とは生き残りや維持・発展をかけて、事業者同士が競い合うことで、他の事業者に打ち勝つためのベストと思われる方法を競争戦略と呼びます。

競争は電力業界など独占を許された一部の業界を除いて、どの業界にもあり、避けることはできません。たとえば、家電業界ではパナソニックや東芝、日立、韓国のサムスン、中国のハイアールなどがグローバル市場で熾烈《しれつ》な競争を繰り広げています。

ライバル企業に打ち勝って高業績を収めるためには、きちんとした勝つためのシナリオ

5つの競争要因

ポーターによれば、競争環境に影響を与える要因として、次の5つがある

①買い手（顧客）の交渉力
②サプライヤー（原材料や部品の提供者）の交渉力
③代替品（その商品の代わりになるもの）の脅威
④新規参入業者の脅威
⑤既存企業同士の競争（競合企業の存在）

↑

これらに目を配りながら、その場、そのタイミングでのベストの戦略を導き出す必要がある

を描かなければなりません。そのシナリオを戦略と呼びます。

どのようにして、生き残るのか。
どのようにして、顧客を獲得するのか。
どのようにして、コストを抑えるのか。
どのようにして、売り上げ・利益を伸ばし、ライバル企業に打ち勝つのか。

いずれも簡単に答えの出る問題ではありませんが、答えを出せなければ実行に移せません。そうしたときに役に立つのがポーターの「**5つの競争要因**」です。事業者に競争を強いる要因を5つに絞ってまとめたもので、ひとつひとつの要因を検討していくことで戦略をつくることができます。

5つの競争要因の第1は**買い手の交渉力**です。

買い手とは顧客のことで、メーカー（製造会社）にとっては卸業者や小売店に、販売会社（小売店

など）にとっては消費者やユーザーにあたります。

家電業界では、かつてはメーカーの力が強く、実質的な価格決定権（商品の値段を決める力）もメーカーが持っていました。近年はヤマダ電機などの量販店、ジャパネットたかたなどの通販業者が台頭し、メーカーの価格決定権は奪われ、機能や品質などに対しても小売店側から細かな注文が入るようになりました。

その究極の姿が小売店の要求する仕様に従って製造するプライベートブランド（ＰＢ）で、もはやメーカー名すら明記されません。買い手の交渉力が強いと価格は安くするよう、機能・品質は上げるよう、圧力をかけてきますので、メーカーの収益力は低下します。

第２に、**サプライヤーの交渉力**です。サプライヤーとはメーカーにとっては原材料や部品を提供する仕入れ先、販売会社にとっては商品を供給するメーカーや卸業者のことです。仕入れ先の交渉力が強いと値引き交渉が難しく、メーカーの収益力、ひいては他のメーカーに対する競争力が低下します。たとえば、パソコンメーカーにとってインテルは抜群の交渉力を発揮する手ごわいサプライヤーです。

第３に、**代替品**です。自社がとり扱っている商品の代わりに使える商品のことです。同程度の品質・機能の商品を、より安い価格で売られると困ったことになります。テープレコーダーがボイスレコーダーに、フィルムカメラがデジタルカメラにとって代わられたように、ときには商品そのものが消滅することもあり、代替品の登場には注意を払う必要があります。

第4に、**新規参入業者**です。新規参入業者は既存企業が一定の地位を築いている業界に新たに参入してくる以上、何らかの強みを持っています。コストダウンに成功し低価格を押し出したり、イノベーション（技術革新）を成し遂げて高機能をアピールしたり、新しい販売ルートを開拓したり、既存の企業にとって油断はできません。

たとえば、ネット通販最大手のアマゾンは、リアルな店舗を持つ書店にとっては大きな脅威で、有効な対抗手段をとらないと事業存続さえ難しくなります。

第5に、**競合企業の存在**です。そもそも複数の企業が存在しなければ、競争そのものが存在しません。企業同士の競争が激しいほど、価格や品質、機能などの競争が激しくなり、競争に必要なコストが増えますから、企業の収益力は低下します。

挑戦か、共存路線か

競合企業といっても、市場（マーケット）規模や、とっている戦略の違いにより、いくつかのグループに分けることができます。企業と顧客が商品・サービスを売り買いする場のことを市場、複数の企業が高業績を収めようと競い合っている市場を競争市場と呼びます。

競争市場で最大のマーケットシェア（市場占有率）を握っている企業を**マーケット・リーダー**、マーケット・リーダーに次ぐシェアを持ち、シェア拡大に熱心な企業を**マーケット・チャレンジャー**、現在のシェアを維持してマーケット・リーダーへの追随戦略をとる企業を**マーケット・フォロワー**、企業規模が小さく、すき間（ニッチ）市場をねらう企業を**マーケット・ニッチャー**と呼びます。マーケットシェアとは、その企業の売り上げが市場全体のどの程度を占めているかを数値で表したものです。

2番手以下の企業にとって、マーケット・チャレンジャーとしてリーダー企業に挑戦するか、マーケット・フォロワーとしてリーダー企業との共存路線を選ぶか、悩ましい選択です。チャレンジしなければ、永遠にトップにはなれませんし、チャレンジしてリーダー企業に反撃されたら、業績が悪化し、現在の位置からすべり落ちるおそれがあります。

かといって、競争市場で、何の手も打たなければ、競合企業に自社のシェアを奪われ、ずるずると後退していきます。現在の位置を保つことができないばかりか、市場から退場を余儀なくされるかもしれません。**競争市場は、まさに戦場**そのものといえます。

マーケットを領地と考えれば、駿河、遠江、三河を支配する今川義元は圧倒的なマーケット・リーダーでした。戦国時代は血で血を洗う時代で、競合をたたきつぶすまで徹底的

memo

ゼロサムゲーム　既存の市場・限りあるパイ（需要）を奪い合うため血みどろの戦いを繰り広げること。
プラスサムゲーム　まったく新しい領域に事業を展開していく戦略。パイの大きさは拡大し、誰も損をしない。win-winの関係が築かれる。

に戦う**ゼロサムゲーム**が前面に押し出された時代です。

そこいらじゅうに、牙をむいたチャレンジャーがいますから、油断していたら、寝首をかかれます。一瞬も油断できない時代でした。

とはいっても、平和的な共存共栄を目指す**プラスサムゲーム**が、まったく通用しなかったわけではありません。相手陣営の傘下に入ったり、連携することは可能で、マーケット・フォロワーの道を選ぶこともできました。

現に、徳川家康（当時は松平元康）は桶狭間の戦いの時点では今川義元の臣下でしたが、義元の死をきっかけに戦国大名として独立、その後、信長と同盟を結んで頭角を現しました。信長が死んだ後は豊臣秀吉と同盟し（実質的な臣下となり）、最終的には天下をつかみます。マーケット・フォロワー戦略が功を奏したわけです。

信長もマーケット・チャレンジャーとしてリーダー・義元に挑戦するか、フォロワーとしてリーダー・義元の臣下となるかの選択肢がありました。もっとも、きわめて攻撃的な信長がフォロワーに甘んじるわけがない。織田家の家督を継いだときからチャレンジャーとして、その時点、その地域のリーダーに戦いを挑みました。

その武器となったのがポーターの**3つの基本戦略**である**コストリーダーシップ、競合他社との差別化、経営資源の集中投入**でした。

コストリーダーシップとは低コストの体質をつくること、差別化とは競合他社にない強みや特徴をつくり、それを強調すること、集中とはターゲットとなる市場を決め、そこに経営資源を集中して投入することです。

信長は他の戦国大名との差別化、経営資源の集中投入を常に心がけていました。桶狭間の戦いは、このうち、特に人的資源の集中戦略が功を奏した戦いだったといえます。

義元軍との兵力差5倍！
信長がとった戦略は集中戦略

圧倒的なマーケット・リーダー、今川義元が出陣した

永禄3年（1560年）、桶狭間の戦いの直前、信長が領有していたのは尾張半国にすぎません。それに対して、義元は駿河、遠江、三河の3国を領有し、尾張の愛知郡から知多郡にかけての3つの城、鳴海《なるみ》、大高、沓掛《くつかけ》城も支配下に置く、圧倒的なマーケット・リーダーでした。

1560年当時の中部地方勢力図

永禄3年（1560年）5月、義元は2万5000の大軍を率い、駿府を出発しました。

最終的な目的（上洛を目指したかどうか）は不明ですが、尾張内の義元側の拠点である鳴海城、大高城に対する信長方の圧力が強まっており、この地域から信長の勢力を一掃することを当面の目標としたことは間違いありません。

信長は鳴海城に対して善照寺《ぜんしょうじ》、丹下《たんげ》、中島砦《なかしまとりで》を、大高城に対して鷲津《わしづ》、丸根砦を築き、包囲戦を展開しました。義元軍からの大高城への補給ルートは信長方から分断され、兵糧《ひょうろう》にも、こと欠くありさまでした。

このままでは鳴海城、大高城の将兵を見殺しにすることになりますから、義元としても動かざるを得ません。ただし、単なる救援ではなく、一気に信長軍を打倒し、あわよくば尾張全域を領有するつもりで、自ら大軍を率いて出発しました。

5月18日、義元軍は沓掛城に入ります。配下の武将を集め、松平元康には大高城に海から兵糧を運び入れること、朝比奈泰朝《あさひなやすとも》には翌日早朝から鷲津、丸根砦を攻めることを命じました。

自分は本隊を率いて、善照寺、丹下、中島砦を攻めるつもりだったようです。信長が応援に駆けつけてくるなら、本隊の力で息の根を止めることを想定していたのでしょうか。

一方、信長は清洲城に諸将を集めたものの、軍議に関する話はいっさいなく、雑談にふけるばかりで、やがて「夜もふけたから、皆、帰宅せよ」と命じました。信長を軽んじていた家老たちは「運勢が傾くときは知恵もくもる」と信長をあざ笑ったと伝えられます。

臣下を見捨て、手持ちの兵力を集中

桶狭間の戦い・信長の進行ルート

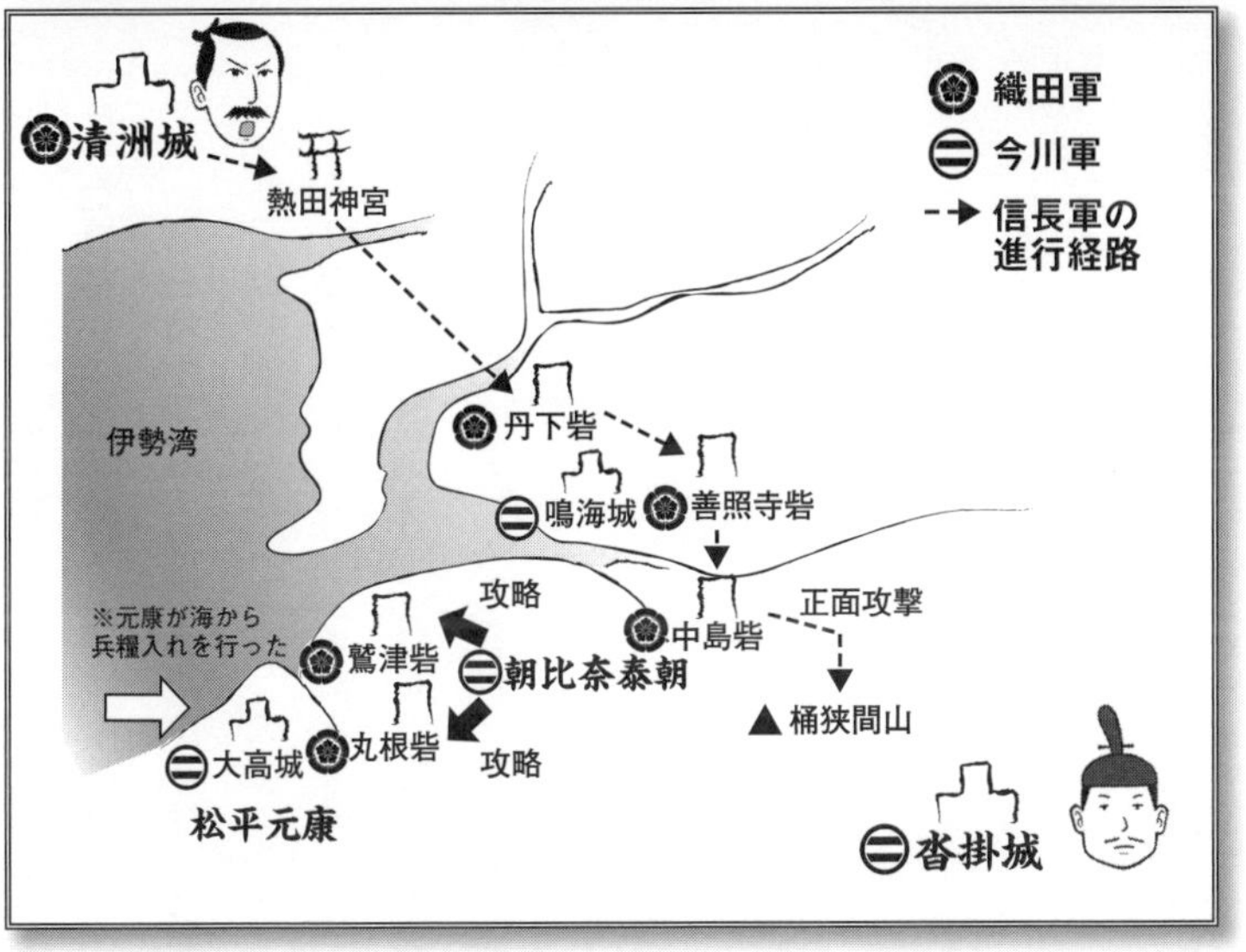

19日、朝比奈軍は信長方の砦へ総攻撃をかけ、6~7時間におよぶ激戦の末、鷲津、丸根砦を落としました。信長の側近中の側近といえる佐久間盛重らも討ち取られました。

鷲津、丸根砦が窮地に陥っていると聞いた信長は敦盛《あつもり》の舞を舞い、「人間五十年、外天《げてん》の内をくらぶれば、夢まぼろしのごとくなり」と吟じたといいます。鎧をつけ、立ちながら食事をすると、諸将がそろうのを待たず、すぐに出発しました。供をしたのは小姓《こしょう》衆（武将の身の回りの世話をする者。ボディーガードでもあり、戦いのときには兵士として戦った）の4~5人にすぎません。

ようやく諸将も追いつき、信長軍の本隊は鳴海城近くの善照寺砦に勢ぞろいしました。その数は約3000。鷲津、丸根砦にも近く、救援に駆けつけようと思えば、できないことはありませんでしたが、信長は冷徹に状況を判断、鷲津、丸根砦が落ちるのに任せました。臣下を見捨ててでも兵力の分散を避けたかったからです。**信長は手持ちの兵力を集中させ、義元本隊への攻撃の機会をうかがって**いました。逆にいえば、動くに動けなかったといってもいいかもしれません。鷲津、丸根砦の救援に駆けつけたら、下手をすると朝比奈軍と義元本隊から狭撃《きょうげき》されかねない。

しかも、善照寺砦は交通の要衝《ようしょう》に位置し、信長が動いた後、ここを突破されたら、尾張全体が義元の手に落ちるおそれがありました。

集中戦略
最終目標は義元の首――望みうる最高の成果をあげた桶狭間の戦い

義元軍を「集中」して攻撃

「桶狭間の戦い」が行われた場所については、諸説あります。義元が布陣したのは谷あいの低地とされることもありますが、総大将が見晴らしの悪い場所に布陣するはずがありません。

『信長公記』には義元が布陣したのは「桶狭間山」と書かれており、合戦の常識に従って、周囲を一望できる小高い丘を選んだようです。この山の周辺一帯が「桶狭間」と呼ばれていたのではないでしょうか。

『信長公記』によると、信長は、まず善照寺砦の眼下にある中島砦に移動しました。中島砦は低い位置にあるので、善照寺砦から中島砦へのルートは周辺の高い場所、たとえば今川の手にわたった鷲津、丸根砦のある丘陵からは丸見えになります。

家臣には、「相手から丸見えの細道を行けば、こちらの人数が少ないことがわ

memo

『信長公記《しんちょうこうき》』 織田信長の一代記。著者は信長に近侍した太田牛一。事実を客観的にわかりやすく述べており、史料としての価値は高く、軍記物の傑作といわれる。

桶狭間の戦い

永禄３年５月19日（西暦1560年６月12日）
尾張国桶狭間で合戦

織田軍

指揮官　織田信長
総兵力　5000人
桶狭間での兵力
3000人

VS

今川軍

指揮官　今川義元
総兵力　2万5000人
桶狭間での兵力
5000人

✓織田軍が田楽狭間《でんがくはざま》で休息する今川軍を奇襲攻撃
✓義元は首を討たれ、今川軍は混乱し、全軍が敗走し、織田軍の勝利に終わる

かってしまう」と反対されましたが、信長は意に介さず、中島砦へ移りました。どうやら、自軍の行動を義元軍に隠すつもりはなかったようです。

中島砦から桶狭間までは数キロメートルしかありません。折から降り出した雨が信長軍を助けます。激しい風雨を利用して、信長は攻撃を命じました。

信長軍の行動が丸見えだった以上、義元軍が、何の備えもしていなかったとは考えにくいのですが、義元軍の前衛は、あっという間に崩れ、信長軍は義元の本陣に迫ります。信長は義元を守る旗本（本陣を守る役目の武士）たちを見つけました。

「旗本は、あそこだ。あそこを集中して攻撃しよう」

信長は自身が槍を持って、大声で部下を叱咤しました。この時点で、目指すは義元の首しかありません。精鋭の小姓衆や馬廻衆《うままわりしゅう》（大将の馬のそばにつきそい護衛などをした）とともに、やみくもに突き進みました。その勢いに押されたのか、義元軍の大半は武具を捨てて逃げ出しました。戦闘モードだったとしたら、あまりにもおそまつです。

信長軍のスピードは想像以上に速い。義元の塗輿《ぬりごし》を守る旗本たちも退却しているうちに人数が少なくなり、ついに50人ほどになってしまいました。信長方の兵士の1人が槍を義元に突き出し、気を取られている義元に背後から別の兵士が組みついて首を挙げました。総大将が死んだ今川勢には反撃する力は残っていませんでした。

考えられる作戦のなかで、最も攻撃的な作戦を選択した

実は、善照寺砦に着いた時点で、信長には選択肢が3つほどありました。

第1に、いったん大高、鳴海城攻略をあきらめ、残存勢力を率いて清洲城へ帰城し、義元軍を迎え撃つ方法、第2に、善照寺、中島砦に防衛ラインを置き、前進してくる義元軍の主力を、ここでくい止める方法、第3に、打って出て義元軍の主力に大きなダメージを与えた上で、速やかに善照寺、中島砦に帰還し、防備を固める方法です。

いずれの方法も戦力を集中させる作戦であることに注目してください。信長は兵力を分散させることの危険性を痛感していました。

第1の方法をとれば、義元が兵を挙げた初期の目的である大高、鳴海城周辺からの信長勢力の一掃は果たされたわけですから、深追いをしてこない可能性もありました。おそらく信長の重臣たちの思惑も、この辺にあったのではないかと思われます。

第2の方法は「攻撃されたら反撃し、逆襲されたら撤退する」を繰り返すことで、義元軍の損失を増やし、侵攻をあきらめさせようというものです。

最も現実的な作戦といえますが、前方に義元軍の主力、後方に鳴海城、右に義元軍に奪われた鷲津、丸根砦と、腹背どころか3方に敵を置くことになります。物量に勝る敵に3方から攻撃されたら、いかなる精鋭部隊でも長くはもちません。戦略・戦術的には「愚《ぐ》の骨頂《こっちょう》」といえそうです。

第3の方法はリスクが高いのですが、守備的な作戦をきらった信長にとっては、最も好ましい方法です。成功したとしたら義元軍の進軍をくい止めることができますし、仮に失敗したとしても、態勢を立て直せる可能性が残っています。

出撃前の信長は第3の方法を選択したように見えます。ただし、状況に応じて戦術を変える信長のことですから、中島砦に移動した時点で、義元の首級《しゅきゅう》を挙げることに目標を変えたのでしょう。

鷲津、丸根砦を制圧した義元軍の精鋭部隊が背後から襲撃してくる可能性、あるいは中島、善照寺砦を攻撃されるリスクはありましたが、実は信長は、この危険性には気がついていなかった。中島砦の前方に布陣している義元軍の前衛を鷲津、丸根砦を攻撃した部隊と勘違いしていたのです。

「敵は鷲津、丸根砦を攻撃して疲れ切っている。勢いは新手の、われわれにある。敵が攻勢に出たら退き、敵が退いたら攻勢に出よう。絶対に敵を打ち破ることができる」と錯覚したままゲキを飛ばし、率先して義元軍の主力に躍りかかっていきました。

結果的には、この錯覚が信長軍に有利に働きます。将兵の士気が、きわめて高くなったからです。いずれにせよ、佐久間らが守る鷲津、丸根砦を犠牲にし、**戦力（人的資源）を義元軍の本隊攻撃に集中させたことで、信長は望みうる最上の結果を得る**ことができました。

信長は戦力を集中して投入、義元は戦力を分散させた

信長はポーターの集中戦略を徹底的に実行しました。数少ない兵力を割かなかった。義元は大高城支援に元康の部隊を使い、鷲津、丸根砦の攻撃にも別の部隊を起用しました。2万5000の大軍を率いていましたが、あちこちに兵力を分散させたため、義元の周りには約5000の兵しか残っていませんでした。

それに対して、信長軍が桶狭間に投入した兵は約3000。したがって、この時点で信長軍本隊と義元軍本隊の戦力差は、それほどありません。

しかも、信長軍の士気は高かった。信長軍はベストを尽くしていますが、義元軍の動きが余りにも悪い。義元の親衛隊ともいうべき旗本たちが簡単に崩れています。鷲津、丸根砦など周辺の義元軍の動きも不可解で、どうして即座に義元救援に動かなかったのか、疑問が残ります。圧倒的な兵力差に、慢心があったとしか思えません。

義元軍の動きは正面攻撃を受けたとは思えない、鈍重さがつきまとっています。企業経営にも通じる話です。長年、**マーケット・リーダーとして君臨した巨大企業であっても、新興の競合企業を軽視したり、業務遂行のスピードが衰えたりすると、足もとをすくわれるおそれ**があります。

現代に置き換えれば、織田信長は桶狭間の戦いの時点では中小企業の経営者にすぎません。それでも、駿河、遠江、三河の3国を支配していたリーダー企業の今川氏に果敢に戦いを挑み、見事に仕留めました。決して無謀な試みではありませんでした。**合理的な判断にもとづき、絶体絶命のピンチのなかに成功のチャンスを見出した戦い**だったのです。

最大の勝因は戦力の集中投入でした。桶狭間の戦いでは、自軍の戦力を義元軍本隊に集中してぶつけ、完全勝利を得ました。

信長は野心的な人物で、家督を継ぐ前の16歳頃から、天下一統を夢見ていたようです。信長の非凡なところは野望を現実的な目標に落とし込み、その目標をひとつひとつクリアしていったことです。野望を野望で終わらせなかった。それを可能にしたのは精緻な戦略と、その戦略を現場で修正していく、臨機応変な対応力・行動力でした。

信長×ポーターの時空を超えた！

1章のまとめ対談

本章では桶狭間の戦いを例にとり、私の競争戦略を見ていきました。競争戦略のベースとなるのは「5つの競争要因」と「3つの基本戦略」です。

桶狭間の戦いの勝利のポイントは3点あった。第1に、今川義元軍を分断したこと。わが軍と義元軍の戦力差は5：1。全面衝突したら、絶対に勝てなかったはず。

マーケット・リーダーに挑むマーケット・チャレンジャーの戦略そのものだね。リーダーに反撃され、大きなダメージをくらうおそれがあるが、リスクを冒さないと市場で一定の地位を占めることはできないものです。

第2のポイントは鷲津、丸根砦へ救援を出さず、戦力を温存させたこと。桶狭間の義元軍本隊にターゲットを絞り、兵力を集中投入したことがよかった。

私が唱える3つの基本戦略、すなわちコストリーダーシップ、差別化、集中のうち、集中戦略をとったわけですね。経営資源が限られている以上、標的市場を絞って資源を集中投入しなければ、競合に勝つことはできない！

第3のポイントは「スピードが勝負」と考え、義元軍本隊への最短ルートをたどったこと。迂回《うかい》作戦をとっていてはスピードが殺されてしまう。相手に察知される危険性は高まるが、勢いが出たことは確かだ。

少数で多数の敵を打ち破る「各個撃破・集中攻撃」のお手本ともいえる好例です。集中戦略が有効であることが証明されましたね。

第2章

信長×ポーター②
差別化戦略

美濃攻略——「兵農分離」を実現し、天下統一に向かって走り出した！

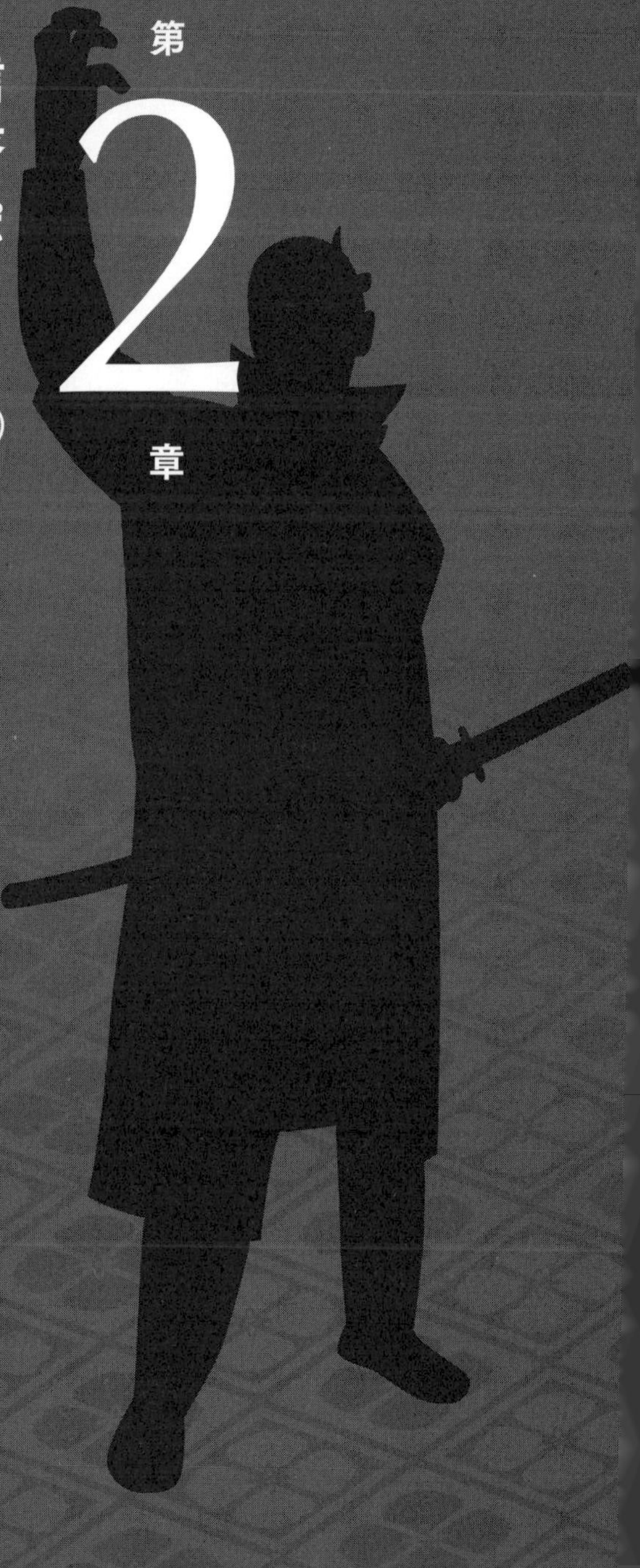

2章の視点

桶狭間の戦い後は差別化戦略で天下統一を目指した！

美濃の斎藤道三が亡くなると、信長は美濃を手中に収めようとします。斎藤氏の家督相続の際、いったん美濃に攻め入りましたが、意外に防備が固く、はね返されました。そこで、三河の徳川家康（桶狭間の戦いの後、今川氏から独立し、三河の領主となった）、甲斐の武田信玄らと同盟し、東からの脅威を防ぐと、美濃の斎藤氏攻撃に専念します。時間はかかったものの、永禄10年（1567年）には美濃を征服しました。美濃の井之口は東西への交通の要衝で、名を岐阜と改め、本拠を岐阜城に移します。

折よく、足利義昭が助勢を求めてきたことから、義昭を助けて上洛《じょうらく》（京都へ入ること）を果たしました。畿内の中心部を押さえ、義昭を室町幕府第15代将軍の座につけました。天《てん》下布武《かふぶ》へと大きく前進したのです。

ちなみに、岐阜城を拠点とした頃、「天下布武」の印章を使い始めており、まだ尾張・美濃の2国を領有していたにすぎない信長が、はっきりと天下を統《す》べることを目標としていたことがわかります。

目標を明確にし、内外にそれを宣言することで、自分を追い込み、周囲をも巻き込んでいく——目標を設定し、それを達成できるよう、資源を配分し、メンバーの士気を高め、効率的に業務を遂行する目標管理の手法と、相通じるものがあります。

信長はポーターのいう**競争戦略を実践**していました。**競争戦略とは競合他社がひしめきあっている業界内で安定した地位をつくり、継続的に利益を得るための攻撃的かつ防御的な行動プラン**をいいます。

特に**信長が力を入れたのはポーターの3つの基本戦略のうちの差別化戦略**でした。差別化とは狭い意味では自社の商品・サービスを競合他社のそれとは異なったものであると顧客（消費者・ユーザー）に認識してもらうために、商品・サービスに、何らかの独自性を持たせることをいいます。独自性は機能や品質、使い勝手のよさ、デザイン、ブランドイメージ、販売方法、顧客サービスなど、何でもかまいません。ただし、独自性が「業界の平均以上の収益」を約束してくれるものでなければならないのです。

広い意味での**差別化は商品・サービスにとどまらず、企業文化、組織、リーダーシップ、仕組み、製造・販売プロセスなどで他社がおよばないような強みをつくること**です。信長は差別化戦略に焦点を絞りました。具体的には細分化、総合化、動態化に力を入れることで競合する他大名との差別化を図ったのです。

最大の強み・合理的思考
戦術より戦略を重視した信長

人事は人物本位、実力主義

信長の最大の強みは16世紀の人らしからぬ合理的な思考でした。目的に向かってベストと思われる方法を論理的に選ぶ「目的合理性」を持っていたのです。

信長は因習や慣例にとらわれることなく、合理的に、その時点での最適と思われる答えを導き出しました。信長の実践が企業経営や私たちの行動の参考になる理由は、**理性にもとづいた経営を実行**していたからです。

伝統や宗教的権威は、目的達成の邪魔になると思えば遠慮なく切り捨てました。イエズス会の宣教師**フロイス**の『日本史』には「(信長は) 善《よ》き理性と明晰な判断力を有し、神および仏の一切の礼拝、尊崇《そんすう》、ならびにあらゆる異教的占卜《せんぼく》や迷信的慣習の軽蔑者であった」「善き理性の持ち主だった」と書かれています。

フロイスは信長と18回も面会しており、信長の人となりを熟知していました。『日本史』は、キリスト教の視点から信長に対しては批判的ではあるものの (なにし

memo

フロイス（1532～97） ポルトガル出身の宣教師。1569年、信長と初対面。信長が仏教界に疑問を持っていたことから、畿内での布教を許される。日本全国をめぐった記録が『日本史』。

ろ最終的には「悪魔」と呼んでいました）、同時代の史料として第一級の価値があります。

信長の合理的な思考は人事からもうかがえます。人事とは採用から昇進・昇格、賃金、能力開発など、人に関するすべての仕事を指します。

採用や昇進にあたって、信長は出自や経験を問わず、人物本位、実力主義を貫きました。羽柴秀吉（後の豊臣秀吉）は尾張生まれですが、いっときは遠江で今川義元の家臣として仕えていました。さすがに戦国時代であっても、情報がもれるのをおそれて、敵方だった者の採用には二の足を踏んだものですが、信長は一向に気にしませんでした。

秀吉だけではありません。明智光秀も越前の朝倉氏に仕えていた際、信長に出会い、臣下となりましたが、朝倉氏に仕える以前に何をしていたかはよくわかっていません。秀吉、光秀といえば信長軍団の双璧ですが、その2人でさえ、出自や経歴は問われなかったのです。

信長の最晩年に関東方面軍の司令官を務めた滝川一益《たきがわかずます》にいたっては、もとは甲賀忍者だったともいわれています。本来なら表には出てこない人物を、能力を買って重職に登用しました。

個々の戦闘力や戦術より戦略を重視

合理的な思考と戦略は切っても切り離せません。戦略を立てる際は優先順位（何を重視するか、どんな順番でやるのか）を決めなければならず、合理的に考えなければ、軽重《けいちょう》や順番をつけられないからです。

信長は個々の戦闘力や戦術より戦略を重視しました。1回の合戦ではなく、外交・諜報《ちょうほう》（スパイ戦）・調略を含めた長期的な戦争に勝つことを優先したのです。

ちなみに、戦術、戦略は、もとは軍事用語です。19世紀、欧州最強の軍隊と呼ばれたプロイセン陸軍で指揮を執ったクラウゼヴィッツは、その経験を生かした著書『戦争論』のなかで、戦争指導には2通りあるとして、

「第1は、個々の戦闘をそれぞれ按配し指導する活動であり、また第2は、戦争の目的を達成するためにこれらの戦闘を互いに結びつける（組み合わせる）活動である。そして前者は戦術と呼ばれ、後者は戦略と名づけられる」

と述べました。

戦術は個々の戦闘の仕方、戦略は戦争全体の仕方を定めたものです。企業にあてはめると、全社、**事業部の行動プランを示したものが戦略で、部や課の行動プランを示したもの**

が戦術といえそうです。

全社の戦略、事業部の戦略はあっても、製造戦略や営業戦略、マーケティング戦略など機能別の戦略は単独では存在しません。製造戦略や営業戦略は、あくまで全社戦略、事業部戦略の一環として位置づけられるものだからです。

戦国時代、上杉謙信、武田信玄ら戦術、戦闘に強い大名は多かった。武田の騎馬軍団は戦国最強をうたわれたものです。ただ、**戦略に関しては信長がズバ抜けて**いました。

個々の合戦では負けることもありましたが、長期的に見ると、一度は負けた相手をも結局は攻略しています。たとえば、武田軍には「三方ヶ原《みかたがはら》の戦い」で苦汁を飲まされましたが、3年後に行われた「長篠《ながしの》の戦い」（三方ヶ原、長篠の戦いについては3章で詳述）では圧勝しました。

信長は大半の戦いで相手を上回る兵力を送り込み、人数で圧倒しました。できるだけリスクを小さくしようとしたわけです。

ただし、いつも安全策をとったわけではありません。実現の可能性、成功したときに得られる成果、リスク、副次的な効果、影響力などを考慮に入れた上で決断し、必要なときは、すばやく行動に移しました。桶狭間の戦いがいい例で、乾坤一擲《けんこんいってき》の大勝負のときは先頭に立って打って出る率先垂範《そっせんすいはん》（自ら進んで手本を見せる）型のリーダーでもありました。

細分化、総合化、動態化
信長は戦国時代を勝ち抜くため、戦略的に差別化を進めた

差別化こそが競争を制するカギ

桶狭間の戦いの時点では、信長は戦国大名の「国盗り合戦」に、遅れて参入した新規参入者にすぎません。今川義元を討って名をあげたといっても、領国は尾張一国に限られ、中部地方で確固たる地位を築いたわけではありません。

桶狭間の戦いの後、信長は尾張の北の美濃攻略に全力をあげます。折よく永禄4年（1561年）、美濃の領主・斎藤義龍《よしたつ》が急死し、その子・龍興《たつおき》が跡を継ぎました。信長は西美濃を手中に収めるべく、国境付近にある墨股《すのまた》川をわたり、墨股に拠点を築こうとしました。斎藤軍がこれを迎え撃ち、両軍が衝突。信長は、望んだようなはかばかしい成果がなかったことから、本拠の清洲城に帰還しました。

新規事業を始めた場合、ターゲットとする市場で業界内の既存企業に打ち勝つか、せめて負けないようにしないと、商品・サービスが受け入れられず、売り上げや利益に結びつきません。場合によっては、その業界から退場せざるを得ず、企業そのものの存続もあや

桶狭間の戦い後の中部地方勢力図

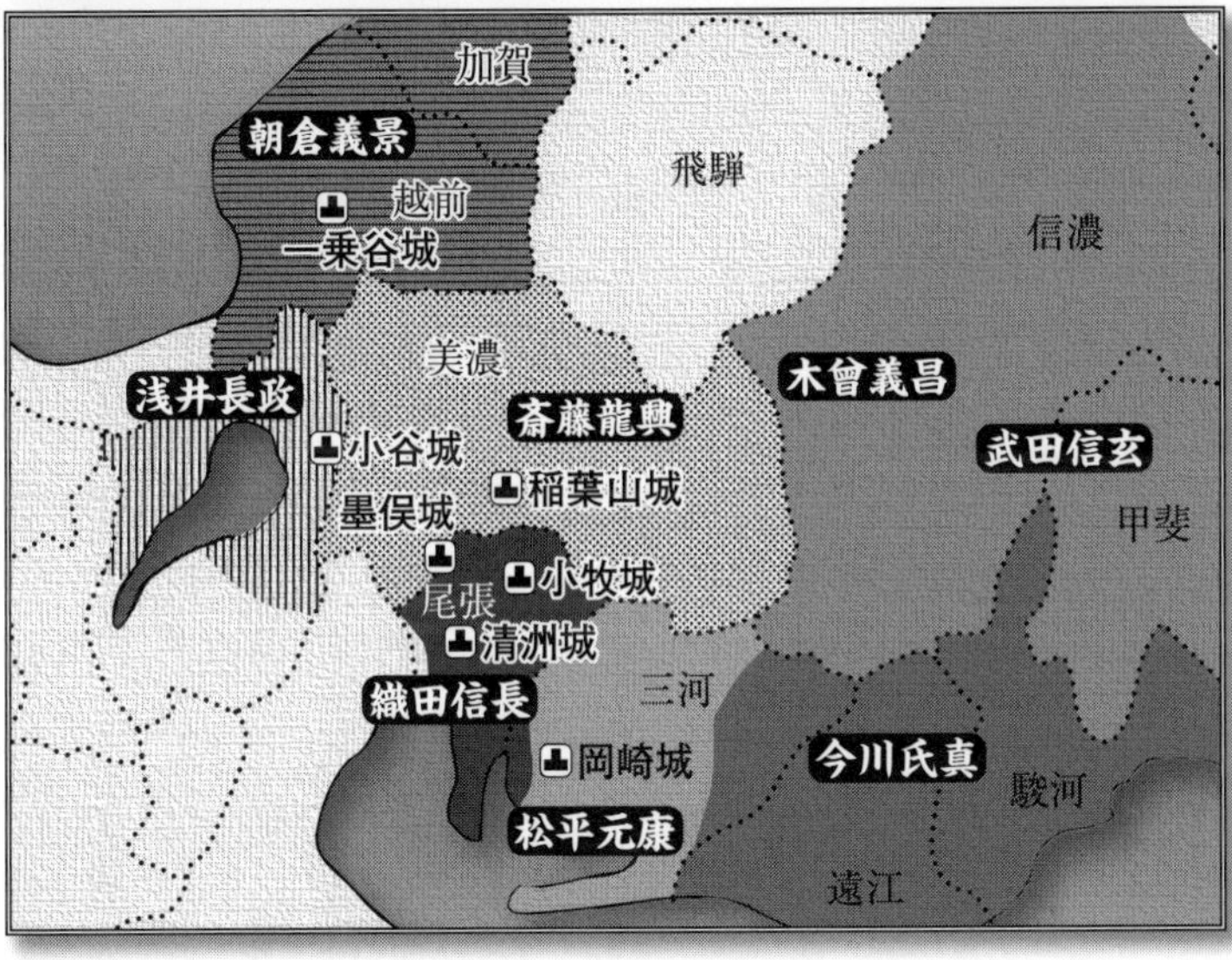

うくなります。企業を維持・発展させるためには、どうすればいいか――。

　カギを握っているのは差別化戦略です。競争戦略のベースとなるコストリーダーシップ、差別化、集中の3つの基本戦略のうち、ベースとなるものだからです。コストリーダーシップ戦略はコストによる差別化、集中戦略は差別化するための手段と考えると、**差別化戦略こそが競争を制するカギ**であるといえます。

　ポーターは差別化戦略の成功例として建設機械のナンバーワン企業、キャタピラーをあげています。キャタピラーは建設機械、鉱業設備機器、ディーゼルエンジン、天然ガスエンジン、産業用ガスタービンなどを製造、2010年度の売り上げは363億4000万ドル（2兆9072億円）に達するグローバル企業です。

高品質の製品を高価格で提供、世界200カ国以上に張りめぐらしたディーラー（販売業者）のネットワーク、スペア製品がどこでも入手できる便利さなどで競合との差別化に成功しました。価格は安くはないのですが、圧倒的な市場シェアを誇っています。

差別化には、さまざまなやり方がありますが、信長は第1に**細分化**、つまり分離・分割すること、小さく分けること、第2に**総合化**、つまり統合すること、組み合わせること、連携・提携すること、第3に**動態化**、つまりスピードを重視し、すばやく動かせるよう、動けるようにすることの3つに力を入れました。

細分化――兵農分離という画期的な軍事システムをつくりあげた

第1の細分化の代表例は**兵農分離**という兵士と農民を明確に分けた、**画期的な軍事システムをつくりあげたこと**です。当時は農民兵が主体でした。平時は農作業にいそしみ、いったん、ことがあれば武器を手に取って戦場に赴いたのです。

ところが、信長は兵士と農民を分離させ、常備軍を組織しました。兵士という職業をつくり出したわけです。農民は農業に専念させ、兵隊は年貢や税で養うことにしました。常備兵なら農作業をする必要がありませんから、農繁期にも戦えます。

兵站《へいたん》（前線の兵士に食糧・武器などの物資を供給すること）さえ整備すれば、長期の遠征

信長の差別化戦略

細分化 … **分離・分割すること、小さく分けること**

兵農分離というシステムを
つくりあげた

総合化 … **統合すること、組み合わせること、連携・提携すること**

- 6.8メートルの長槍を開発し、長槍を持った兵士を横一列に並べる「槍ぶすま」という攻撃法を編み出す
- 鉄砲・火薬、鉄甲船を実践に投入
- 松平元康、浅井長政、武田信玄と姻戚関係を結んだ

動態化 … **スピードを重視し、すばやく動かせるよう・動けるようにすること**

- 兵士の装備を軽装化
- 清洲城を出て小牧城へと居を移した
- 城下町の原型を形成した

も問題ありません。逆に、農繁期をねらって敵に攻め込むことさえ可能になりました。

常備兵は敵の籠城《ろうじょう》作戦を無力にしました。籠城作戦とは敵が攻めてきた際、兵士が城に入り、防御を固める戦い方のことです。城にこもる側は「長くても数カ月ガマンすれば農繁期になるから、敵は引きあげるはず」と思えたのですが、常備兵は農繁期になっても引きあげる必要がありません。城にこもる側の食糧が尽きて降伏してくるのを、いつまでも待つことができるのです。

ただし、常備兵は戦になると、からっきし弱かった。農民兵は、負ければ自分の田畑を失います。地縁や血縁も強く、戦場で卑怯なマネはできませんでした。ところが、常備兵には、こうした〝しばり〟がありません。戦局が不利になれば、遠慮なく戦場から離脱しました。

細分化する際の注意点はポーターによれば、基本的な一貫性を損なわないことです。複数の活動や部門に分けたことで、それぞれの活動や部門がバラバラになると、一貫性が保てなくなり、場合によっては互いに対立するようになります。

常備軍にも、その危険性はありました。兵士の士気が低くなると、常備兵を置いた意味がありません。常備兵を生かす戦法と兵士の士気を高める工夫が必要でした。

総合化1——個人戦中心から集団戦中心へと大きく変化させた

そこで、第2に、この欠点を補うため、総合化に力を入れました。**兵士、兵器、戦術を一体化させ、総合力で敵を圧倒しようとした**のです。

新兵器の開発には特に力を入れました。**長さ6・8メートルの長槍に始まり、鉄砲・火薬、鉄甲船などを実戦に投入**。美濃攻略でも、長槍や鉄砲が威力を発揮しました。さらに、新兵器を軸に据えた戦略や戦闘方法（戦法）なども開発、ハードとソフトの「組み合わせ」で敵を圧倒する戦闘・戦争の差別化に取り組みました。

たとえば、**長槍を導入したときには、槍隊を組織**しました。槍を集団で利用するようにしたのです。従来、槍は刀と同様に個人戦に使用されていました。というか、源平合戦の頃から、戦は個人戦が主流で、合戦といっても1対1の個人戦の集合にすぎません。

槍を使った集団戦法・槍ぶすま

信長は1対1の戦いを集団戦法に変えた！

同時並行して、たくさんの個人戦が行われているのですから、長い槍を持っていると、かえって動きにくい。味方の兵士にとっても邪魔になります。長い槍に対するニーズはありませんでした。

ところが、信長は発想を転換し、槍を使った集団戦法をとり入れたのです。長槍を持った兵士を横一列に並べ、槍を前に突き出したまま敵に向かわせました。いわゆる「槍ぶすま」という攻撃の方法です。

いかに力のある武将であっても、槍ぶすまには対抗できません。通常の槍は、せいぜい5・9メートルの長さしかないので、長槍を持つ相手に届かない。槍を前に突き出して迫ってくる槍隊に恐怖感すら覚えたかもしれません。

しかも、常備兵ですから、普段から長槍を使った戦法を訓練することができます。訓練を重ねることで熟練度があがると、命令1つで自在に隊形を変えたり、膠着した戦線に急きょ投入したりと、機動力を生かした攻撃が可能になりました。

集団訓練を実施することで、兵士の士気を奮い立たせ、信長軍への帰属意識を高めるという効果もありました。

信長は個人戦主体の合戦を、新兵器を導入して戦法を変えることで、集団戦中心の合戦へと大きく変化させたのです。

後に鉄砲を主役に据えた戦法を採用しますが、信長の発想を考えれば当然の帰結といえます。

ポーターも、**それぞれの活動が互いを補完したり、補強したりするときに相乗効果を生むと述べています。1つの活動の価値が、他の活動によって高められる**わけです。

頭の古い戦国大名たちは、こうした変化についていけませんでした。

総合化2――連携を重視、三河の松平元康らと同盟を結んだ

有力大名との連携・提携も総合化戦略の一環でした。美濃攻略の失敗を反省した信長は、再度、美濃を攻撃する前に東からの脅威を除くために、まずは三河の松平元康と同盟を結ぶことを考えました。

元康は今川義元の臣下でしたが、桶狭間の戦いからしばらく後に、義元の跡を継いだ今川氏真《うじざね》の覇気のなさに失望して独立、岡崎城を居城としていました。

信長からのアプローチは永禄4年（1561年）に始まり、翌年に合意が成立。1月に、信長の居城である清洲城で信長と元康が同席し、清洲同盟（織徳《しょくとく》同盟）を結びました。この頃、元康は義元からもらった「元」の一字を捨て、家康と改名しました。

裏切りと違約が常だった戦国時代には珍しく、この同盟は信長が死ぬまで継続し、信長・家康の双方に大きなプラスをもたらしました。

「東は家康、西は信長」と決めたことで、これ以降、信長は美濃、近江、伊勢を、家康は遠江、駿河を目指すことになります。

続いて信長は永禄7年（1564年）、近江の浅井長政《あざいながまさ》のもとへ使者を送り、信長の妹・お市の方を長政へ嫁がせることを提案しました。長政は信長を慕って「長」の字を自分の名に組み込んだくらいですから、喜んでこの申し出を受けました。

さらに、信長は甲斐の武田信玄にも、よしみを通じます。信玄は信濃も治めており、信長が美濃を攻略したら、隣国として境を接することになるからです。永禄8年（1565年）に信玄の四男・勝頼に養女を嫁がせることで姻戚《いんせき》関係を結びました。

動態化——兵士の装備を軽装化することで、スピードアップを図った

第3に、機動力を重視した信長は組織の動態化に力を入れました。1つは**兵士の装備を軽装化すること**で、スピードアップを図ったのです。

小和田哲男・静岡大学教授は次のように述べています。

「源平争乱期に盛んに用いられた大鎧は、室町・戦国期には当世具足に変わってきているが、信長の場合に顕著なのは、足軽・雑兵たちの装備である。当世具足を着用するのは騎馬武者なので問題はないが、歩者たちの装備の軽量化は、軍勢のスピードアップを図る上で画期的な意味を持っていたといってよい。事実、信長軍団のスピードはかなり速い」

「中世を革命した比類なき先見と独創精神」

2つは永禄6年（1563年）、**清洲城を出て、小牧城へと居城を移した**ことです。清洲城は尾張の中心にあるとはいえ、近くの川がよく氾濫することから、安全とはいえませんでした。

何より美濃攻略に力点を置きたい信長にとって、清洲ではあまりにも美濃から遠かった。

小牧城は小牧山の山頂にあり、美濃平野を一望できました。美濃の斎藤氏へのプレッシャーにもなり、戦略的拠点としては、これ以上のものはありません。

さらに、信長は**城下町の原型ともいえる市街を形成し、全家臣を移住**させました。城下に、すべての家臣を集めたのは信長が初めてです。城下に家臣を集めた大名がいないわけではありませんが、すべての家臣を集めたわけではありません。通常は兵士と農民を兼務していますから、農地から離れるわけにはいかなかったのです。

ところが、兵農分離を進めた信長軍は、すべての家臣を城下に集めることが可能でした。兵士が集住すれば、いざというときにも動きやすい。攻撃の際も、防御の際も、簡単に集まることが可能になりました。信長軍の機動力は一気にアップしました。

兵農分離を果たしたことで、中心拠点そのものを移動させることも容易になりました。実際、信長は、その時々の攻略相手や目標に応じて、この後も小牧城→岐阜城→安土城と本拠を移していきます。中心拠点の動態化を図ったといえます。

こうして用意周到に準備を整えた信長は満を持して美濃攻略にとりかかりました。永禄10年（1567年）、信長軍は美濃へ進軍、瑞竜寺山《ずいりゅうじさん》から斎藤龍興の居城である井之口城を攻撃しました。龍興は耐えきれずに降伏、居城を明け渡し、自らは伊勢長島に退きました。**信長の美濃平定が実現した**わけです。

井之口は東西への交通の要衝とあって、さらに西上を目指す信長にとっては、もってこいの場所です。名を岐阜と改め、本拠を岐阜城に移しました。

競争とは、それ自体が動態的ですから、勝ち残るためには変化への対応に主眼を置くべきです。ただし、変化だけではいけない、とポーターは強調します。変化のなかにも活動の継続性がなければいけません。**変化を前提とした上で、継続性の重要さ**を訴えました。

企業の根本的な価値観やアイデンティティーに関わる看板商品、メニュー、キャラクターなど核になる部分は継続させる必要があるのです。

マーケット・フォロワー

天下に覇を称えたのはフォロワー・家康だった！

世界を視野に入れていた信長

信長の情熱をかきたてる原動力となったのは、**天下布武**《てんかふぶ》という目標でした。目標と、それを達成するための戦略（この場合は美濃攻略）を内外に簡潔に示すことで、部下や関係者が状況判断に迷わないようにしたのです。

「（リーダーは）戦略を簡潔に、記憶に残る形で説明する方法を見つけなくてはなりません。本当に優れたリーダーは、価値提案をわりあい単純なものに具体化して説明します。それから組織内の各部門に、この価値提案がひとつひとつの活動にどんな意味をもつのか考えさせる」

『マイケル・ポーターの競争戦略』

とポーターは述べています。自社の従業員だけでなく、顧客やサプライヤ

memo

天下布武　信長が朱印に用いた印章の印文。この印文は僧・沢彦《たくげん》から与えられた。美濃攻略後から天下統一を視野に入れて用いるようになったと見られる。天下とは京都のことで、京都に入り、朝廷を押さえる、つまり日本を支配するという意味。

ー、販売ルート、投資家、マスコミなどにも自社の目標と戦略を明確に伝えなければなりません。競合他社が知ることになるのは、かえって好都合といえます。競合が強く、自社が勝てる見込みのない分野には最初から参入しようとしないからです。

もっとも、日本の統一は信長の生涯の目標ではありません。信長の視野には世界がありました。フロイスらのキリスト教宣教師からヨーロッパ各国の動きや世界事情などの最新ニュースを耳に入れていたからです。

16世紀後半、ヨーロッパではイギリス、スペイン、オランダなどが自由貿易を旗印に、世界各地へ触手を伸ばしていました。イギリスは国民経済を背景にした内需主導型、オランダは中継貿易型とタイプは異なりますが、各地をネットワークで結ぶ世界国家を目指していました。同様に、信長が天下を統一した暁には、世界国家を実現しようとしていたことは間違いありません。

フロイスの『日本史』によれば、天下統一後の信長は明《みん》の征服をねらっていたようです。

「日本六十六カ国の絶対君主となった暁には、一大艦隊を編成してシナ（引用者注：現在の中国）を武力で征服し、諸国を自らの子息たちに分かち与える考えであった」

とあります。日本の経営は後継者である織田信忠に任し、本人は明へ移住。さらに、その視線の先には東南アジアやインドがありました。信長が生きていれば、アジアでの覇権をめぐって、インドあたりでイギリス、オランダと一大決戦を行ったかもしれません。

フォロワー・家康が最終的に天下を取った！

信長との連携を選んだ家康の動きは、マーケット・リーダーに従うマーケット・フォロワーの戦略といえます。

2番手、3番手企業が常にマーケット・リーダーに挑戦しているというわけではありません。なかには家康と同様、あえて激しい競争は避け、マーケット・フォロワーとしての位置に身を置いている企業もあります。

たとえば、建設機械業界ナンバー2のコマツは高品質と主要なターゲット市場を中国やアジア、中南米に置くことを差別化要因として、長年にわたってマーケット・リーダーのキャタピラーに挑んできましたが、近年はキャタピラーとの共存共栄を目指しているように見えます。

コマツは連結売上高1兆9817億円、単独での売上高8511億円（2012年3月期）の巨大企業で、油圧ショベルやブルドーザーなどの建設機械、車両、プレス機械・工作機械などの産業機械を製造、主要製品がキャタピラーと競合しています。

マーケット・リーダーとは一般的に価格の改定や新製品の導入、流通の構造、販売促進

の密度などで市場をリードする立場にある企業を指します。マーケット・チャレンジャーが価格を下げたり、新製品を導入したり、斬新な販売促進を行ったりして競争を仕掛けると、その対応のためにマーケット・リーダーは疲弊しますが、仕掛けた企業のほうも無傷ではすみません。特に価格面で熾烈な戦いが行われると、双方とも疲弊し、場合によっては第3の企業に漁夫《ぎょふ》の利《り》をさらわれることがあります。

一般的に米国企業はシェアではなく、利益を重視する傾向があります。シェアを重視すると、どうしても安値競争に陥り、業界全体が疲弊しやすい。ところが、利益を重視すると、いたずらにシェア争いをする必要がありません。業界全体として「価格を維持して利益を出していこう」となるわけです。リーダー企業だけではなく、2番手、3番手以下の企業も、潤います。マーケット・リーダーとなることがベストであるとは限らないのです。

戦国時代、フォロワーに甘んじるか、チャレンジャーとしてリーダーに挑むかは生死をかけた選択でした。信長はチャレンジャーとしてシェア（領土）を奪っていきましたが、頂点を目前にして明智光秀に裏切られ、本能寺の変で倒れました。

家康はフォロワーとして最初は今川義元に仕え、その後は織田信長、豊臣秀吉ら有力者との提携戦略を選び、最終的には天下に覇《は》を称《とな》えました。

細分化、総合化、動態化のうち、信長が最も重視したのは動態化でした。たとえば、桶狭間の戦いで「今川義元軍が侵攻した」との情報を聞いて、信長は会議に時間をかけることはしませんでした。情報もれをおそれたこともありますが、**危機のとき、現場を遠く離れたところで会議にふけっていても何も生み出せないことを知っていた**からです。会議室では見えないことがあります。

信長は翌朝、供の者数人を連れただけで、城から飛び出しました。おおよそのプランはあったでしょうが、現場で状況を判断、桶狭間山で休んでいる今川義元の本隊を急襲し、義元の首級を挙げることに目標を絞りました。

あとは一気呵成《いっきかせい》に決着をつけるしかありません。信長自身が先頭に立って桶狭間への道を急ぎました。信長が清洲城を出なかったとしたら、こうした展開にはならなかった。

自ら行動を起こした、すなわち動態化を図ったことで、突破口を見出したわけです。

信長×ポーターの
時空を超えた！

2章のまとめ対談

第2章では信長さんの美濃攻略を題材に、私の3つの基本戦略のうち差別化戦略を解説しています。競争市場に新規参入した場合、商品やサービスに競合のそれを上回る魅力、強みがなければ、継続的に顧客を獲得することはできません。

私は戦国大名たちの「国盗り合戦」に遅れて参入した新規参入者にすぎない。周辺の有力大名に伍して戦うためには差別化戦略を採用するしかなかった。具体的には細分化、総合化、動態化の3つの方向で差別化を進めていったのだ。

3つの基本戦略のうちコストリーダーシップはコストダウンによる差別化、集中は差別化するための手段と考えれば、差別化こそカギを握る戦略であることがわかりますね。

細分化の代表例は兵農分離だ。従来の兵の主力は農民兵で、平時は農作業に従事し、戦のときにだけ兵士となっていたが、これでは農繁期には戦えない。そこで、常備軍を組織し、農民は農業に専念させ、年貢や税で兵士を雇うことにしたのだ。

細分化は仕事の設計や業務改善、問題解決などに不可欠な手法で、業務やプロセスを細かく分けることで、仕事の手順が明確になり、いろいろな課題や問題点を明らかにすることもできるのです。

総合化の例としては、長槍や鉄砲などの新兵器をフル活用できるよう、戦いの仕方を個人戦中心から集団戦中心に変えたこと、動態化の例としては兵士の装備を軽装化することでスピードアップを図ったことだ。

そういった差別化であなたは次々に競合に勝っていったのですね。

第3章

信長×ポーター③
競争優位の戦略

三方ケ原の戦い、長篠の戦いに見る バリューチェーンの優劣が勝負を決める！

ポーターはバリューチェーンで競合他社に勝つことを提唱！16世紀にそれを実践していた信長

新しく商売を始めるときに考えなければいけないのは、たった2点です。1つは**市場があるか**どうか、もう1つは**競合他社に勝てるか**どうかです。市場とは「顧客（消費者・ユーザー）のかたまり」で、どんなに優れた商品を発売したとしても、買ってくれる顧客がいなければ、商売は成立しません。

市場がすでに存在しているなら、その商品を買ってくれる見込み客はいることになります。とはいえ、競合に勝てなければ商品は売れません。たとえば、同じ商品を自社が2万円、競合が1万円で売ったとすると、顧客の大半は競合へ流れるからです。

その場合、競合に対抗して値段を下げるか、品質や使いやすさ、見栄え、アフターサービスなど他の価値（顧客に対するメリット）をつけて、競合との違いを際立たせる必要があります。価格競争は体力を奪われますので、できれば避けたい。では、どうしたら競合に勝てるのか、それを教えてくれたのがポーターです。

『競争優位の戦略』は『競争の戦略』を踏まえた上で、「どのようにしたら、競合と差別化できるか」「どのようにしたら、競争優位を獲得できるのか」を、さまざまな角度から論じています。そのなかで最も重要な教えがバリューチェーンです。

バリューチェーン（価値の連鎖）とは商品の流れを「購買物流」「製造」「出荷物流」「販売・マーケティング」「サービス」の5つに分割し、それらの活動を管理・サポートするものとして「調達活動」「技術開発」「人事・労務管理」「全般管理（インフラストラクチャー）」の4つの活動に配したものです。

ポーターは企業がバリューチェーンを構築し、継続的に改善・改良していくことで、競合他社に打ち勝つことができることを示しました。

あえてバリューチェーンと名づけたのは、**顧客に対してはもちろん、サプライヤーや卸業者、販売業者（小売店）など関係する企業にも価値（バリュー）を提供しなければならない**と考えたからです。下請け企業に無理なコストダウンをのませたり、納入業者に商品を押し込んだり、プロセスに参加した企業を犠牲にするようではバリューチェーンとはいえません。参加者の誰かが損をするゼロサムゲームではなく、参加者の誰もが得をするようなプラスサムゲームを目指すことを教えているのです。

信長は16世紀に生きながら、バリューチェーンに対する意識が高かった。戦国時代最高レベルのバリューチェーンを築きあげ、競合する戦国大名に挑んでいきました。

競争優位をつくる方法①

競合企業がマネできないバリューチェーンを構築する

競争優位のタネの見つけ方

競合企業に勝つためにはコストリーダーシップや集中を含む、広い意味での差別化が不可欠です。では、どのようにすれば差別化できるのか――。その問いに答えたのがポーターの『競争優位の戦略』です。

『競争の戦略』では**「なぜ競争が生じるのか」「競争に勝つためには、どのようにすればよいか」**を論じ、**競合に打ち勝つためには「コストリーダーシップ」「差別化」「集中」の3つの基本戦略をベースにした競争戦略が必要**と説きました。

自社・商品の強みや独自性を発揮し、他の企業・商品との違いを明確にしなければ、顧客は商品を受け入れてくれません。強みや独自性が継続し、商品が売れ、高い業績をもたらすようなら、その**強みや独自性**を**競争優位**と呼びます。

簡単にいえば、他企業にはマネのできないもので、かつ企業に継続的に高い収益をもたらすものをいいます。この好例はアップルのｉＰｈｏｎｅやトヨタのプリウスです。

『競争優位の戦略』では競争優位をつくるためのさまざまな方法にふれていますが、そのなかで最も重要なのが本章でとりあげるバリューチェーンといえます。

バリューチェーンとは購買物流から、製造、出荷物流、販売・マーケティングを経て、サービスにいたるまでの5つの活動と、それらの活動を管理・サポートする調達活動、技術開発、人事・労務管理、全般管理（インフラストラクチャー）という4つの活動からなります。

もちろん、企業の業種によって活動は異なり、メーカーであれば消費者を対象にした販売業務を検討する必要はありませんし、販売会社であれば製造業務の詳細な分析は時間のムダです。

いずれにせよ、顧客や関係する企業にバリューを創造・提供するプロセスであることから、ポーターはバリューチェーンと名づけました。

では、どうやって競争優位のタネを見つけ、育てていけばいいのでしょうか。

第1は、**バリューチェーンのそれぞれの活動を細分化すること**です。製造は受注、設計、原材料・部品調達、加工、組み立て、塗装、納品などのステップに、販売は見込み客の洗い出し、アプローチ、商品説明、反対克服、クロージング、契約、納品、代金の回収などのステップに分割できます。

これらのステップをさらに細分化し、より小さいステップにすることもできます。なぜ細分化するかというと、そうしたほうが**分析・検討しやすくなり、競争優位のタネも見つけやすくなる**からです。こうした活動やステップをポーターは価値活動と呼びました。顧客や関係する企業にとっての価値を創造する活動と見なしたわけです。

リーダー企業と自社のバリューチェーンを比較

第2に、**自社のバリューチェーンを業界の一般的なバリューチェーンやマーケット・リーダーのバリューチェーンと比較検討する**ことです。特にマーケット・リーダーとの比較には大きな意味があります。リーダー企業の強みと弱みを知ることができれば、どの活動やステップに力を入れればよいのか、はっきりします。

しっかりしたバリューチェーンを構築することで、競合企業の追随を許さない地位を確立できます。それこそ大企業に限りません。たとえば、「日本で一番高齢者が元気な地域」といわれている徳島県上勝町《かみかつちょう》の葉っぱビジネス。町の人口の半分以上を占める高齢者に仕事を与えたいと、株式会社いろどりの社長を務める横石知二さんが目をつけたのが日本料理に添える「つまもの」でした。

自然豊かな地元の特性を生かした葉っぱビジネスは大成功で、いまや200人以上の

バリューチェーンとは？

購買物流・・・部品を購入して製品ラインまで運ぶ活動

▼

製　造・・・製品をつくる活動

▼

出荷物流・・・製品を工場から出荷して消費者・ユーザーのもとに届けるまでの活動

▼

販売・マーケティング・・・製品を売ったり（販売）、製品が売れるような仕組みをつくったりする（マーケティング）活動

▼

サービス・・・消費者・ユーザーの使い勝手を向上させたり、アフターケアに対応したり、修理、買い替えに素早く応じたりする活動

村民が参加。自宅でパソコンを駆使して、入札情報などをキャッチ、その時期に高額で取り引きされている葉っぱを出荷しています。

このビジネスの差別化要因は品質と安定出荷です。必要とされるときに、必要とされる品質のものを、必要とされるだけ供給しているのです。村民が200人以上参加している上勝町だからこそ構築できる競争優位だといえます。

上勝町への見学者は引きも切りませんが、残念ながら第2の葉っぱビジネス成功地域はありません。発注から出荷までのスピード、葉っぱの種類、品質、量の確保などが要求され、バリューチェーンの構築が、きわめて難しいビジネスだからでしょう。

競争優位をつくる方法②

衝撃の兵糧攻め――城攻めのバリューチェーンを改良した

バリューチェーンの改良・改善で競争優位に

『競争の戦略』は**外部環境（業界）の分析**に主眼を置いたものでしたが、『競争優位の戦略』は**企業の内部環境の分析**に力を入れています。競争優位は企業の内部環境を分析し、強みや独自性にスポットライトをあてることで浮かびあがります。

競合相手もバリューチェーンを構築していた場合、バリューチェーンのあるなしだけでは差別化できませんが、**バリューチェーンを改良・改善することで競争優位をつくりあげる**ことができます。

信長はバリューチェーンの改良・改善に熱心で、合戦のバリューチェーンを大きく変えました。合戦は一大プロジェクトですから、どの大名も、それなりのバリューチェーンを築いていますが、どうしても戦闘そのものに興味・関心が偏りがちでした。対して、**信長は戦略を重視しました。勝つ要因をつくることに全力を傾注した**のです。

城攻めの例で見てみましょう。たとえば永禄年間に、尾張統一のために、敵対していた織田信賢《のぶかた》の岩倉城を攻撃した際は、城攻めのバリューチェーンを大きく変更することで、見事に成功させました。

それまでの城攻めは攻撃側が矢よけの盾を前面に出し、兵士は、その後ろに隠れて城に接近、堀を埋め、鉄の熊手などを使って塀や柵を倒し、矢を射ってから突進するものでした。

防御側は上から矢を放ったり、石を投げたり、ときには城外へ打って出て野戦を挑みました。攻撃側は下から、防御側は上から攻めますから、防御側のほうが有利でしたが、絶対とはいえません。攻撃側が成功した例も数多くあります。

ところが、16世紀後半になると、石垣と鉄砲の出現で城攻めは一気に難しくなりました。山の上に石垣をつくって築城すれば、敵は容易に近づけません。さらに、鉄砲を持った兵を配置することで、城に接近することさえ難しくなりました。

力攻めをすれば、たちまち死傷者がふくれあがります。訓練された兵士は貴重ですから、コスト（人的資源）のことを考えても無理な突撃はできません。鉄砲（火縄銃）は防御型の武器で、攻めてきた敵を迎え撃つときには抜群の威力を発揮します。塀にあけた銃撃用の穴も弓矢に比べると小さくてすむメリットもありました。

攻撃側は石垣＋鉄砲隊の防御を破らなければなりません。難攻不落の城を、人的被害を出さずに、どのように攻め落とすか――。

信長は岩倉城攻めの際、バリューチェーンを変更することで、この難題を突破しました。

兵農分離が新しいバリューチェーンを生んだ！

信長は最初に**岩倉城の城下を焼き払い**ました。城下に商人や人足がいると、いくら警戒を厳重にしても、城へ糧食や武器を運び入れることが可能になります。商人や人足を追っ払うことで、城への補給ルートを断ち切りました。

次に、城の周りに兵士が寝泊まりできる砦をいくつか築きました。雨風がしのげるように屋根をつけました。櫓《やぐら》も建て、そこから鉄砲や火矢で攻撃しました。本格的な攻撃ではありませんが、断続的に攻撃することで相手は気を抜くことができなくなりました。

城方では農繁期まで待てば、信長軍は引き揚げるものだと思っていました。農民兵は田植えや稲刈りが始まると帰国せざるを得ません。ところが、信長軍は田植えの季節になっても、いっこうに引き揚げる気配がありません。兵農分離によって常備兵となった信長軍は農業のサイクルに左右されなくなったからです。

信長軍は田植えの季節どころか、梅雨が終わっても包囲をときません。城内の兵糧は少なくなり、兵士の士気も落ちてきました。織田信賢としても打つ手がない。降伏するか、

信長が改良した城攻めのバリューチェーン

技術革新後の城攻め

技術革新前		技術革新後
盾の背後から敵方の城に接近	→	石垣があり、それ以上接近できない
矢を射かける	→	届かない
熊手などで塀や柵を壊す	→	石垣があるから、意味がない
そこから侵入して敵と戦う	→	鉄砲でねらい打ちにされる

従来の戦法は使えなくなった

そこで

信長が城攻めのバリューチェーンを改良

城下を焼く → 敵の城の周りに砦をつくる → 兵糧が尽きて敵が降参するのを待つ

城攻めの概念が一変！

メリットは人的被害を出さなくてすむ点
兵糧攻めは農民兵では使えない
兵農分離を実現していたからこそできたこと

信長は部分や一工程だけでなく全体で考えていた！

ポーターと信長のバリューチェーン

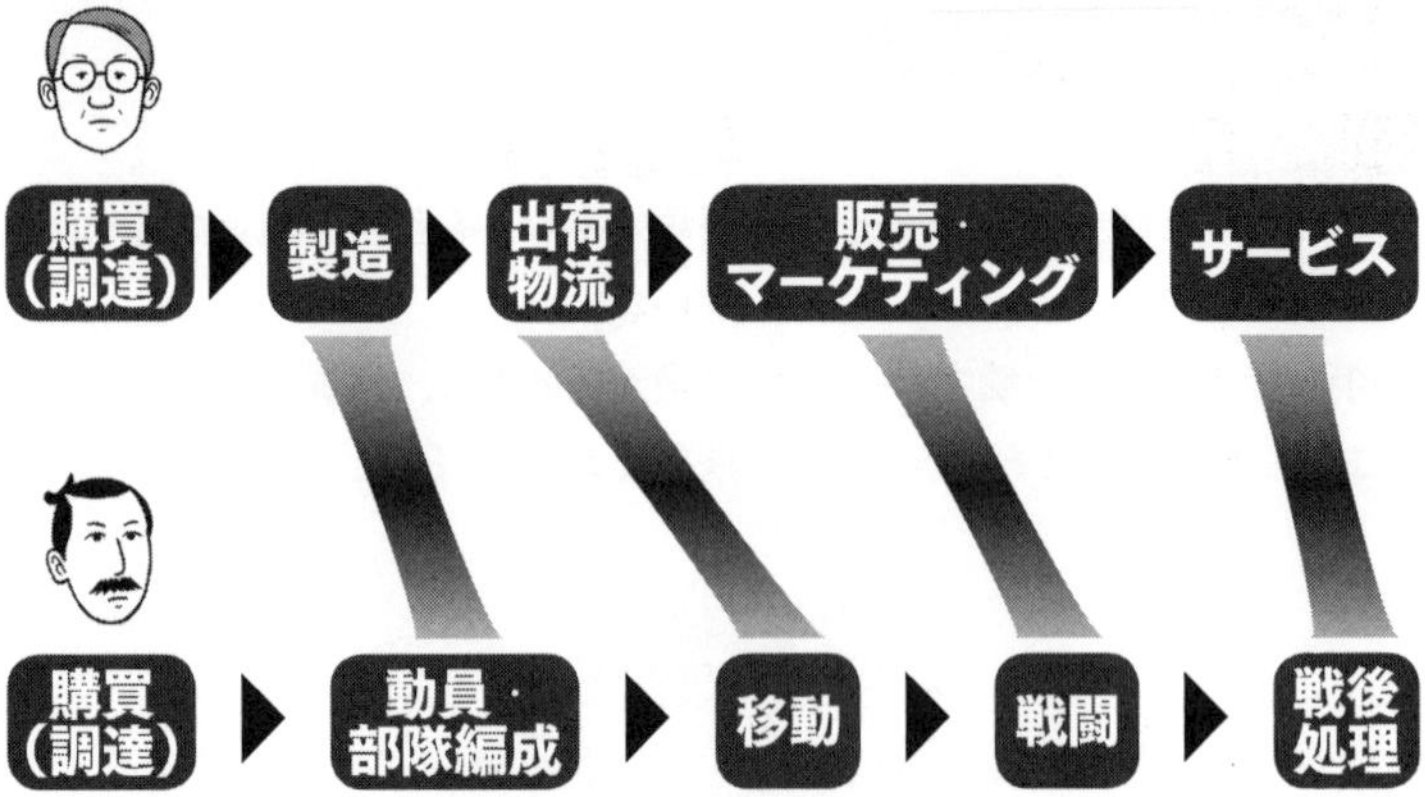

購買は武器、兵糧、道具などを調達すること。製造が動員・部隊編成に、販売・マーケティングが戦闘、サービスが戦後処理に対応

包囲軍のすきを見て逃亡するかしかありません。永禄5年（1562年）11月、信賢は城を捨て、犬山へ走りました。

信長は城下を焼き払い、兵士が寝泊まりできる砦を築き、敵の兵糧が尽きて降参するのを待ったわけです。これこそ信長が考案した新たな城攻めのバリューチェーンでした。

籠城した城方に対し、兵糧攻めという画期的な方法が初めて登場しました。城攻めのバリューチェーンが劇的に変化したのです。これ以降、信長や秀吉は兵糧攻めを多用するようになりました。

岩倉城を落としたことで、美濃攻略が容易になりました。信長は斎藤氏を攻め落とすのに11年かかりました。兵農分離や長槍隊を組み込んだ、新たな合戦のバリューチェーンを構築するのに時間がかかったのです。

memo

美濃三人衆　美濃西部に共同の独立勢力を確立していた戦国武将、稲葉《いなば》良通《よしみち》、安藤守就《あんどうもりなり》、氏家直元《うじいえなおもと》を指す。土岐氏、斎藤氏に仕えたと伝えられる。

「できるだけ人的資源の損失を抑え、成果を最大にする（目標を達成する）」ことに全力を尽くしたからでもあります。

11年間、ほぼ毎年のように攻撃を繰り返して敵の戦力を少しずつそぎながら、自軍の武器や戦術、戦法に改良を加えていきました。あわせて、外交や諜報、調略によって斎藤氏の内部を切り崩し、ときの来るのを待ちました。

信長の戦い方の特徴は「バリューチェーンの全体」「総合力」で勝負したことです。部分や一工程だけでなく、全体で考えました。どんなに強大な敵であっても、すべての分野で自軍が負けているわけではない。相手にも強いところと弱いところがあります。

競合の強いところを殺し、弱いところを攻めれば、必ず勝機が生まれます。信長は斎藤氏の結束の弱さに注目、内部分裂へと誘導し、突破口を開きました。

調略が成功し、斎藤氏の臣下だった美濃三人衆を寝返らせたことをきっかけに本格的な征服戦を開始、羽柴秀吉に命じて墨俣《すのまた》に拠点を築くと、一気に攻撃に移り、1カ月で目標を達成しました。

三方ヶ原の戦い

強みで競合と勝負——家康を挑発し、城から誘い出した信玄の心理作戦

三方ヶ原の戦いで信玄の心理作戦にはまった家康

元亀《げんき》3年（1572年）10月、将軍・足利義昭の上洛要請に応え、甲斐の武田信玄が立ち上がりました。このときの武田軍の最終目的は、途中で信玄が死亡したため判然としませんが、徳川・織田軍を撃破することを第1目標としていたことは確かです。

信玄が率いる本隊は諏訪、伊那《いな》を経て、遠江に侵攻。家康方の支城を次々に落とし、奪いとった二俣城《ふたまたじょう》に入りました。

浜松城の兵力は徳川軍が8000で、信長の援軍3000を加えても1万1000にすぎません。対して、武田軍は2万5000～2万8000の大軍とあって、戦う前から結果は見えていました。家康は籠城作戦を選択、時間を稼いでいるうちに、信長軍の援軍がやってくるのを期待していました。

年も押しつまった12月20日、武田軍は二俣城を出て進軍を開始しました。家康

memo

足利義昭の上洛要請　信長によって15代将軍となった義昭は、信長の傀儡であることに不満を持ち、信玄を信長に代わる幕府の守護者に据えようと画策し、上洛を要請

三方ヶ原の戦い陣形

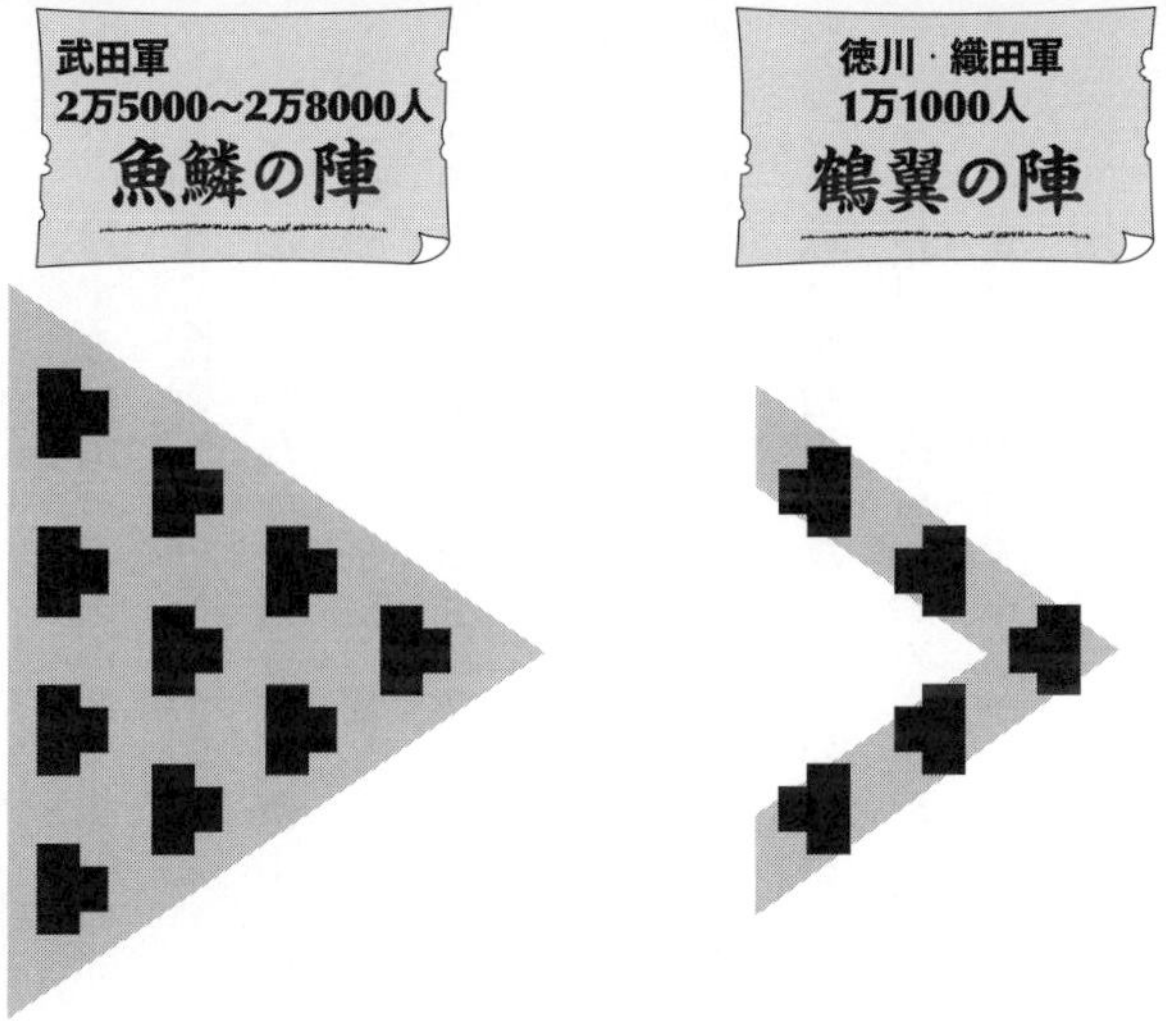

は武田軍の攻撃を覚悟し、迎え撃つ態勢を整えました。ところが、武田軍は悠然と浜松城下を通りすぎて、浜名湖西方の三方ヶ原へ兵を進めます。

家康の負けん気の強さを読んだ信玄の心理作戦でした。頭に血がのぼった家康は、まんまと挑発に乗せられ、全軍に武田軍を追うよう命じます。老臣たちは懸命に止めましたが、家康は聞き入れません。信玄は家康を挑発することで城から誘い出し、武田軍が得意としている野戦に持ち込んで、一挙に決着をつけるつもりでした。

武田軍は三方ヶ原北の祝田《ほうだ》へ向かいました。城を出た徳川・織田軍は武田軍を追いかけます。祝田の坂を登る武田軍のしんがりを務めていた部隊が後方からやってくる徳川・織田軍を見つけました。

信玄は全軍をストップさせると、その場で反転を命じました。このとき組ませた陣形が「魚鱗《ぎょりん》の陣」でした。中央が突き出した矢尻のような形の配置で、人数が敵より勝る場合に組まれることの多い攻撃的な陣形です。

対する徳川・織田軍は「鶴翼《かくよく》の陣」を整えました。鶴が翼を広げたように全軍を横に展開する配置で、守備型の陣形といわれています。人数が少なかったことから、両翼が手薄になりました。追いかけた徳川・織田軍が守備的な陣形、追いつかれた武田軍が攻撃的な陣形をとったことで、どちらが心理的に優位に立っていたか、明らかでした。しかも、武田軍は祝田の坂の上、徳川・織田軍は坂の下に布陣。上から下への攻撃のほうが有利ですから、地形面でも武田軍が優位でした。

ほうほうのていで逃げ帰った家康

戦いが始まったのは夕刻になってから。武田軍の小山田隊が正面に陣取る徳川・織田軍の石川隊に投石を始めました。バラバラと小石を投げつけられ、石川隊は激怒します。いっせいに小山田隊に向かって突撃しました。

初めは徳川・織田軍が優勢で、武田軍の先頭を切り崩すことに成功しましたが、武田軍の後方の部隊が戦闘に参加すると、たちまち形勢は逆転しました。魚鱗の陣で突撃してくる武田軍に徳川・織田軍は総崩れ。武田軍のスピードは速く、またたく間に2陣、3陣と

「三方ヶ原の戦い」と「長篠の戦い」

突破されました。武田軍が目の前に迫ってくるのを見て形勢不利を悟った家康は全軍に退却命令を出します。

家康自身もあやうい状況です。家康の周りを旗本たちが囲み、一団がかたまって戦場を離脱しました。ところが、武田軍に発見され、三方ヶ原の東北方面を右往左往したあげく、家臣に化けて、ようやく浜松城に逃げ帰りました。

この1日で徳川・織田軍の多くの有力武将が戦死、1000人強の戦死者を出しました。信長が派遣した救援軍のリーダーの1人は稲場で討ち取られ、もう1人も戦いには、ほとんど参加せず、何の役にも立ちませんでした。対して武田軍の戦死者は数十人。文字通り武田軍の圧勝でした。

戦略・戦術の視点から三方ヶ原の戦いを見ると、徳川・織田軍が、何のプランもなく戦闘に臨んだのに対し、武田軍は浜松城下を通りすぎて家康を挑発したり、祝田の坂を戦場に選んだり、人数が多いにもかかわらず攻撃的な魚鱗の陣を敷いて徳川・織田軍を迎え撃ったり、武田軍のほうが主体的に戦いに臨んでいます。家康と徳川・織田軍は信玄と武田軍の術中にはまったわけです。三方ヶ原の戦いは武田軍の圧勝でした。

このとき、家康にとってベターな作戦は、どんなに挑発されても、武田軍が行きすぎるのを黙って見ていることでした。武田軍が戻ってくれば籠城作戦をとればいいし、戻ってこなければ、スピードと機動力を持った少数の部隊を送り出し、武田軍のしんがりを攪乱《かくらん》すればいいのです。

ただし、ここで家康と信長にとって、ラッキーなことが起こります。信玄の体調が悪化し、武田軍は西上作戦を中止せざるを得なくなったのです。信玄は甲斐へ帰る途中に死亡し、諏訪を治めていた武田勝頼が信玄の跡を継ぎました。

「三河に攻め込んでいたときに、たまたま信玄の体調が悪くなった」とは考えにくいので、信玄が徳川方のスパイによって毒を飲まされた可能性も否定できません。

長篠の戦い

合戦のバリューチェーンで圧勝した織田・徳川軍

争奪戦となった長篠城

合戦のバリューチェーンを見ると、信長の卓越性が浮かびあがります。通常の戦国大名は戦闘を重視しましたが、信長は**戦闘以前のプロセスや活動を重視**しました。美濃攻略でも長槍を考案し、槍隊を結成したり（技術開発）、美濃三人衆の裏切りを誘ったり（調略）、秀吉を抜擢し、短期間で墨俣城を築城させたり（設営・人員配置）と技術開発や戦略に力を注ぎました。

信玄の死後、武田の支配に穴があき始めます。奥三河の豪族・奥平信昌《おくだいらのぶまさ》が武田を裏切り、信濃と三河の国境にある長篠城が徳川の手にわたったのです。長篠城は交通の要衝で、武田が三河に打ち込んだ戦略的拠点です。

天正《てんしょう》3年（１５７５年）4月、武田勝頼は1万５０００の兵を率い、甲斐を出ました。ねらうは長篠城の奪回ですが、できれば織田と徳川に大ダメージを与えるつもりでした。

奥平が守る長篠城の城兵は５００。長篠城は豊川と宇連《うれ》川の合流地点の断崖絶壁に建つ自然の要害ですが、大規模な城ではありません。

奥平は岡崎城の家康に援軍を要請しました。家康も信長に支援を要請、信長は伊勢長島の一向一揆を平定した直後で、援軍を派遣する余力がありました。三方ヶ原の戦いのときとはガラリと状況が変わっていました。

長篠城は奥平勢の必死の抵抗で、なかなか落ちません。そうこうしているうちに、織田・徳川連合軍が到着。信長は「長篠城周辺では狭すぎて戦いにくい」と判断し、城の西方3キロのところにある設楽原《しだらがはら》に布陣しました。

織田・徳川軍の兵力は3万～3万5000で、武田軍の2倍強。武田軍は決戦を挑むか、甲斐へ退却するかの意思決定を迫られました。

ベテランの武将たちは退却を主張しましたが、勝頼は三方ヶ原の戦いでの成功体験が忘れられません。父・信玄を超える力量を臣下に見せつけるチャンスでもありました。

バリューチェーンを構築した信長軍が武田軍に大勝

最終的に勝頼が決断し、武田軍は織田・徳川軍が万全の準備を整えた設楽原に向かいました。5月21日午前6時頃から戦いがスタート。武田軍は鶴翼の陣で、織田・徳川軍へ躍りかかりました。そこに待っていたのは数千挺を数える鉄砲隊と空堀《からぼり》、二重、三重に張り

合戦のバリューチェーン

1 戦略

① 状況・戦力分析
② 戦略の立案
（外交・婚姻・同盟・諜報・調略など）
③ 戦略の実行
④ 結果の評価
⑤ 開戦の決断

2 戦闘準備

① 武器・兵糧・道具の調達
② 動員
③ 戦場の決定
④ 戦場への移動
⑤ 見張り・斥候（※1）による情報収集
⑥ 敵軍の戦力分析
⑦ 設営・人員配置

3 戦闘

① 戦術・戦闘方法の決定
② 戦闘
③ 状況判断
④ 退却（負けた側）、追撃（勝った側）

4 戦後処理

① 後片づけ・首実験（※2）
② 本拠地への帰還
③ 褒償
④ 解散

※1 斥候　敵の様子や地形などを調べるために、本隊から派遣される小人数の部隊
※2 首実験　討ち取った敵の将兵の首を見て、誰であるかを確認すること。武将のランクによって、褒償の額が決まる

めぐらされた馬防柵《ばぼうさく》でした。

武田軍の**強さの秘密はスピード**にあります。騎馬軍団を中心にスピードを生かした波状攻撃で敵を打ち破ってきました。きわめて攻撃的な軍団といえます。

そこで、信長は**武田軍のスピードを殺すこと**に全力をあげました。武田軍が突撃してくると、最初に空堀に足をとられて、スピードが落ちます。馬も立ち止まらざるを得ない。スピードを身上とした武田軍のスピードが目に見えて落ちました。

空堀を突破しても、今度は二重、三重の馬防柵が待っていました。柵を破らないと、織田・徳川軍に近づけません。頑丈な馬防柵の前でモタモタすることになりました。

そこに信長軍の数千挺の鉄砲が火を吹きました。馬は音に敏感で、鉄砲の音におびえてパニッ

クに陥りました。足が止まった武田軍を鉄砲の一斉射撃が襲います。もはや戦いというより、一方的な殺戮《さつりく》に近かった。歴戦の勇将も次々に倒れました。

鉄砲の煙で前がよく見えない武田軍は、いたずらに突進を繰り返しました。激闘6時間、生き残った武田軍の将兵は数えるほどでした。勝頼は、ほとんど身ひとつで戦場を逃れます。織田・徳川軍の大勝でした。

バリューチェーンで見るなら、**武田軍が戦闘に終始したのに対し、信長が武器・糧食・道具の調達、戦場の決定、設営・人員配置、鉄砲と馬防柵、空堀を組み合わせた戦法の開発、戦術・戦闘方法の決定**など、ほぼすべての場面で主導権を握っていたことがわかります。しっかりしたバリューチェーンが構築され、機能していました。

勝頼の場合、合戦のバリューチェーンの少なくとも3つのステップで判断ミスを犯しました。

1つ目は**敵軍の戦力分析**で、意地や見栄、プライドが邪魔をしました。織田・徳川軍と武田軍の兵力差を冷静に考えれば、決戦を避けるのが賢明な選択だったといえます。

2つ目は**見張り・斥候《せっこう》による情報収集**が、まったく生かされなかったことです。空堀や馬防柵対策が用意されていませんでした。

3つ目は**撤退の決断**が、あまりにも遅かったことです。ただ突撃を繰り返しては死傷者が増えるばかり。せめて半分の人員が失われた時点で退却を決め、それ以上の人的被害は避けるべきでした。実際、長篠の戦いで多数の将兵の命が失われたことが、武田滅亡を早めたといわれています。

現代のバリューチェーン戦略
プライベートブランドビールも投入したセブン-イレブン

マーケット・リーダー、セブン-イレブンの猛攻撃

コンビニ業界、いや小売業界のマーケット・リーダーといえるセブン-イレブンの攻勢が活発化しています。

２０１１年度には１３５０店を出店、１店舗もなかった四国にも初めて店舗を設けるなど過去最大級の出店数にコンビニ業界に激震が走りました。ローソンやファミリーマートなどの大手も追随し、過去最高の店舗純増（出店数から退店数を引いたもの）を記録しました。

セブン-イレブンが出店攻勢とともに力を入れているのが、プライベートブランド「セブンプレミアム」の充実です（セブンプレミアムはセブン-イレブン、イトーヨーカドーを束ねているセブン＆アイ・ホールディングスが手がけています）。

12年11月にはサッポロビールから供給を受け、初のプライベートブランドビール「セブンプレミアム１００％ＭＡＬＴ」を発売、「ビールさえもプライベートブランドになるのか」と驚きをもって受け止められました。

バリューチェーンは供給業者や卸業者、販売業者などとの連携に目を向けさせました。むしろ、「**自社を含む巨大なバリューチェーンの一員であるとの意識**が生まれた」といったほうがいいかもしれません。

バリューチェーンに参加する、すべてのプレーヤーが勝ち組となるような戦略が求められています。コンビニのプライベートブランド（ＰＢ）は、その代表的な例です。プライベートブランドとはコンビニや百貨店、スーパーなどが企画して自社のブランドをつけて販売する商品のことで、メーカーの自社ブランドであるナショナルブランド（ＮＢ）と区別する意味で用いられています。

メーカー（供給業者）にとっては安定した供給先が得られますし、販売やマーケティング費用、広告宣伝費をかけなくていいので、通常の商品より安い価格でコンビニに納入することができます。

コンビニにとっては低価格で仕入れられる上に、味や品質、サイズ、原材料などを指定することができますから、細かな顧客ニーズに応えた商品をとりそろえることが可能になりました。利益率が高いのも大きな魅力です。

消費者にとっては通常の商品と同じ品質のものが低価格で購入でき、コンビニのブランドがついているので（メーカーとコンビニの二重のチェックが働きますから）、安全面を心配する必要もありません。安心して購入できます。

競合他社とも持ちつ持たれつの関係を！

セブンプレミアムは07年8月、調味料など6品目でスタート。12年11月現在でサラダや惣菜などの他、乳製品やデザート、パン、シリアル食品、めん類、レトルト食品、冷凍食品、スナック、ガム、キャンディ、和菓子、ドリンクといった食品からティッシュ、洗剤などの日用品まで800品目を超えました。

惣菜では、さばの味噌煮やいわしの生姜煮、ポテトサラダ、豚角煮といった人気商品も誕生。五目炒飯100円、焼き餃子100円などの低価格も話題となりました。

もっとも、最近では商品のバラエティを増やすため、「ちょっとした贅沢」をコンセプトにプライベートブランド「セブンゴールド」を立ちあげ、比較的高価格の「金のビーフシチュー」「金のハンバーグステーキ」「金のビーフカレー」「金のパスタソース」といった商品を販売しています。

売上に占めるプライベートブランドの割合は08年度には1・8％だったのが、11年度は7・1％にアップしました。

セブンプレミアムの成功を見た大手コンビニ各社も追随。ローソンは10年7月に「ローソンセレクト」を、ファミリーマートは12年10月に「ファミリーマートコレクション」を開始しました。

ポーターは競合他社とも、持ちつ持たれつの関係をつくることを勧めています。

「初期の段階で競争相手を力で叩いておくのが適切なこともないとはいえないが、自社の力を蓄え、業界も発展するよう力をつくすのが最善、といっても間違いないだろう。特許を使わせてやるなどの方法で、特定の競争相手に参入をすすめるのが望ましいことさえある。(中略)他社にも積極的に業界製品を売らせ、技術の発展にも貢献させるのが、自社にとっても利益となることが多い」

『競争の戦略』

ただし、出店攻勢にせよ、プライベートブランドにせよ、資力のある大手しか参加できません。下位のコンビニにとっては生き残りをかけた正念場の戦いが続きます。

プライベートブランドはバリューチェーンを利用した差別化戦略です。バリューチェーンを構築することで、参加者すべてが勝ち組となるwin-winの関係ができるのです。

信長×ポーターの
時空を超えた！

3章のまとめ対談

第3章では徳川・織田軍と武田軍が激突した三方ヶ原の戦いと長篠の戦いをとりあげ、バリューチェーンによる差別化について学びました。バリューチェーンとは製造・販売プロセスのことで、私はひとつひとつの業務が「価値を生む活動である」と考え、価値の連鎖と名づけました。

武田軍とぶつかった三方ヶ原の戦いでは信玄の心理作戦に惑わされ、徳川・織田軍が大敗、苦汁を飲まされた。

私のバリューチェーンは購買(調達)、製造、出荷物流、販売・マーケティング、サービスの5つの業務プロセスからなる。対して、信長さんが構築した合戦のバリューチェーンは購買(調達)、動員・部隊編成、移動、合戦、戦後処理からなり、ほぼ相似形です。

三方ヶ原の戦いから数年後、三河に侵攻してきた武田軍を迎え撃った長篠の戦いでは武田の騎馬軍団を封じるため、空堀、馬防柵、鉄砲部隊を用意。空堀や馬防柵で騎馬軍団の足が止まったところを鉄砲でねらい打ち、武田軍をほぼ全滅にまで追い込んだのだ。

長篠の戦いでは武田軍が戦闘に終始したのに対し、信長軍は武器・糧食・道具の調達、戦場の決定、設営・人員の配置、戦法など合戦のバリューチェーンのほぼすべての場面で武田軍を圧倒しましたね。バリューチェーンによる差別化が見事に成功したのですね。

その通り！ 長篠の戦いで、私は天下統一を確信したのだ。

第4章

信長×ドラッカー①
事業部制（分権制）

「本能寺の変」後、信長軍団司令官たちの生き残りをかけた熾烈な戦いが始まった

ピーター・F・ドラッカー（1909〜2005） ウィーン生まれの経営学者。「マネジメントの父」「経営の神様」と呼ばれる経営学の大御所。米国サラ・レーレンス大学で経済学と統計学、ベニントン大学では哲学と政治学、ニューヨーク大学大学院では経営学、マネジメントを講義し、博学であることで知られている。

戦国時代、織田信長はドラッカーのいう「事業部制」をすでに採用していた！

信長軍団を織田株式会社と考えると、本能寺の変の時点で、織田信長・代表取締役会長のもと、嫡男の織田信忠・代表取締役社長、柴田勝家・専務取締役、明智光秀・常務取締役、羽柴秀吉・常務取締役、滝川一益・常務取締役、信長の三男・神戸《かんべ》信孝・取締役、丹羽《にわ》長秀《ながひで》・取締役、佐々《さっさ》成政《なりまさ》・取締役、前田利家・取締役らがトップマネジメントを構成していました。

これらの経営陣は同時に方面軍司令官を兼任、各地方の攻略を担当しました。

北陸方面軍	司令官	柴田勝家
	副司令官	前田利家
	副司令官	佐々成政
中国方面軍	司令官	羽柴秀吉
山陰方面軍	司令官	明智光秀
関東方面軍	司令官	滝川一益

四国方面軍　司令官　　神戸信孝
　　　　　　副司令官　丹羽長秀

方面軍は独立性の高い組織で、おおまかな攻略方針（経営方針）は信長が示したものの、権限は大幅に委譲され、戦略や人事、外交、諜報、調略などの決定権は、すべて方面軍司令官にありました。つまり、**方面軍は織田株式会社の事業部にあたり、方面軍司令官は、その責任者、事業部長の役割を担っていた**のです。

事業部制を提唱した**ピーター・F・ドラッカー**はゼネラル・モーターズを例にとって事業部長の仕事を次のように整理しました。

「本社の経営政策の枠内にあるかぎり、まったくの自由であり、生産と販売を一任されている。したがって独自に人を雇用し、解雇し、昇進させることができる。本社が拒否権を持つ経営幹部の登用を除き、採用人数、採用資格、報酬を決める（→ここまでが人事）。事業部長が工場のレイアウト、生産技術、生産設備を決める。投資を決め、工場の増設や新設を決め（→製造）、どの製品に力を入れるかを決め、販売と物流の方法を決める。ディーラーと契約を結び、フランチャイズを与えることを決める（→販売・マーケティング）。まさに独立企業の社長である」

『企業とは何か』

事業部制

ドラッカーとＧＭの出合いがブームを生んだ!

ＧＭを内部から徹底リサーチ

ドラッカーは第２次世界大戦中の１９４３年、ゼネラル・モーターズ（ＧＭ）にコンサルタントとして招かれました。ＧＭの副会長ドナルドソン・ブラウンがドラッカーの『産業人の未来』を読んで興味を持ったからで、ＧＭの経営方針や事業構造をリサーチし、アドバイスを依頼したのです。

ドラッカーにとっても「渡りに船」の話でした。かねてから大企業のマネジメントと組織を内側からリサーチしたいと思っていたからです。ＧＭは世界ナンバーワン企業。これ以上のリサーチ対象はありませんでした。しかも、当時のＧＭは中興の祖、アルフレッド・スローンが、舵取り役を務め、事業部制など新しいマネジメント手法を導入し、近代的な企業へと脱皮を図っている最中でした。

ブラウンはＧＭの財務、海外戦略、給与・人事制度などを設計した切れ者で、ドラッカーを招いたのはＧＭが、マネジメントや構造ができあがって半世紀経ち、そろそろ機

集権制と事業部制(分権制)

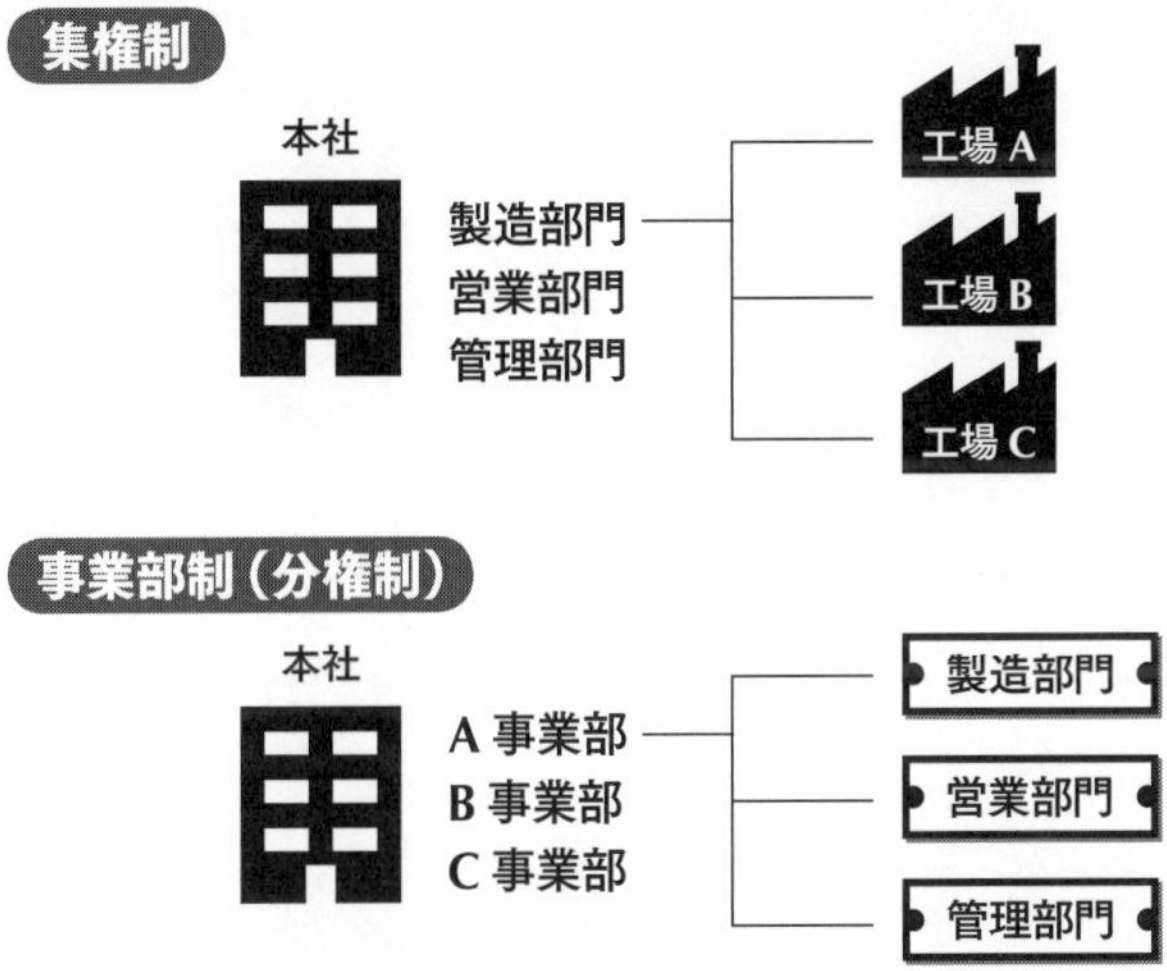

能不全を起こしかねないとの危惧を持っていたためでした。リサーチ期間は2年。その間の十分な報酬も保証しました。

自動車が発明されたのは19世紀の後半でした。最初、せいぜい金持ちの遊び道具にすぎなかった「動力つきの車」は20世紀に入ると産業としての骨格を整えました。米国の自動車生産高は1900年には4000台でしたが、1910年代には18万7000台に急増。雨後のタケノコのように登場した自動車メーカーのうち、最初に頭角を現したのは、T型フォードという同型車種の大量生産で業績を大幅に伸ばしたフォードでした。

1908年設立のGMは小規模の自動車会社を次々に吸収し、フォードに対抗できるだけの勢力をつくりあげました。その後もキャディラック、カーター、オークランドなどを買収。1927年に自動車販売高1位に躍り出て以降、売上高ランキングで世界の大企業ナンバーワンの座に長らく君臨することになりました。

ドラッカーは18カ月かけて、GMの全マネージャーにインタビューしただけでなく、トップマネジメントの会議にも出席。シボレーやキャディラックなどの事業部や工場にも乗り込んで、現場の労働者からも取材しました。

GMの経営陣は多彩で、参加型経営を実行したシボレー事業部長マービン・コイル、修理工出身のキャディラック事業部長ニコラス・ドレイスタット、ドラッカーの説く職場コミュニティに関心を示した社長のチャールズ・E・ウイルソンなど皆、強烈な個性の持ち主でした。なかでも群を抜いていたのが会長のアルフレッド・スローンで、ドラッカーも「プロの経営者」として大きな尊敬を払いました。

ドラッカーはGMの調査が終わると、調査結果に自らの考察を加え、『企業とは何か』と題して刊行しました。GMを例にとり、持論の「事業部制」を提唱したもので、発売されるや否や大ベストセラーとなりました。

80年代、米国では組織改革ブームに

この本で紹介された「事業部制」に注目した大手企業は少なくありません。GMのは

るか後塵《こうじん》を拝していたフォードもその1社で、同書を社員の教科書に指定し、思い切った事業部制を採用、経営組織の再編にとりかかりました。ゼネラル・エレクトリック（GE）も同書をテキストに、ドラッカーとコンサルタント契約を結び、事業部制の導入を急ぎました。

経営不振だったGEが大きく業績を伸ばしたことで、いっそう分権化と事業部制に注目が集まるようになり、米国で、ちょっとした組織改革ブームが起こりました。やがて大企業だけでなく、大学や教会などの非営利組織にも事業部制は広まっていきます。80年代には、全米のトップ企業500社のうち7〜8割は、何らかの形で事業部制をとり入れていました。

事業部制とは事業部に最大限の独立制と責任を与えながらも、全社の一体性を保持する制度といえます。GMは、さまざまな自動車メーカーを次々と買収し、事業を拡大してきたため、種々雑多なクルマをつくっており、同じような車種・価格帯のクルマが複数ある一方、別の車種・価格帯は、まったくないというような状態でした。消費者にとっては不便ですし、会社にとっては管理もしにくい。売り上げもあがらない。そこで、トラック、大型車、中型車、小型車などに分類し、ブランドを整理、シボレーやポンティアックなどブランド別に事業部をつくり、その車種の製造と販売の一切を事業部に任せたわけです。

事業部制の真の目的

出自より能力を重視し、光秀、秀吉らをリーダーとして異例の抜擢

ドラッカーは人材育成の観点から、事業部制のメリットとして次のような点をあげています。

織田株式会社の事業部長たち

① 意思決定のスピードが速い
② 万事が公正で、優れた仕事が評価される
③ 実力主義
④ 次世代リーダーの育成ができる

企業の存続を考える上で、事業部制の最大の利点は次世代リーダーの育成ができることです。集権制の会社では各部門のトップまでのぼりつめても、権限と責任が限られており、スペシャリスト（ある部門の専門家）で終わる可能性があります。経営者として必要な経験を積めない上、経営能力を発揮する機会さえトップマネジメントになるまで与えられないからです。

企業に限らず、どんな組織であっても、やがてリーダーとなるべき人物を育成しなければいけません。そうでなければ、現在のリーダーが去ったときに、その企業・組織は衰退します。優秀な人材さえいれば、コストリーダーシップや差別化を実現することも、競争優位をつくり出すことも難しくありません。ドラッカーも次のように人材育成の重要性を強調しています。

「つまるところ組織にとっては、リーダーを育てることのほうが、製品を効率よく低コストで生産することよりも重要である。効率よく低コストで生産することなど、人間と人間組織がありさえすればいかようにもできる。ところが、創造力を発揮する意欲と能力をもつ責任感あるリーダーがいなければ、いかに優秀な組織といえどもその優秀さを発揮することはできない」

『企業とは何か』

事業部制を採用している会社では、事業部長に登用することで経営の体験を積ませることができます。どんなに小さな事業部であっても、**事業部を運営することによって、責任者は経営の何たるかを、体で知ること**ができます。

甲斐の武田を滅ぼした後、信長の覇権を脅かしそうな有力大名は相模の北条、越後の上杉、中国の毛利、四国の長宗我部、九州の島津らでした。そこで、信長は北条には滝川一益の関東方面軍、上杉には柴田勝家・前田利家・佐々成政らの北陸方面軍、毛利には羽柴秀吉の中国方面軍、長宗我部には神戸信孝、丹羽長秀の四国方面軍をぶつけることにしました。本能寺の変の直前、山陰方面軍と四国方面軍は出発準備の最中で、中国攻めの秀吉が苦戦していると聞くと、急きょ、明智光秀の山陰方面軍を援軍として中国に派遣することを決めました。

織田株式会社の代表取締役社長は嫡男の信忠が務めています。天正3年（1575年）、信長は家督を信忠に譲りました。代表取締役社長から代表取締役会長になったようなもので、最高幹部の人事権など主要な権限は手放しませんでした。信忠は尾張・美濃を任され、武田勢を壊滅させた功績から甲斐・信濃も支配下に置きました。この他、一門衆（信長の親族）には伊勢を支配する北畠信雄（信長の次男）、四国方面軍司令官の神戸信孝（三男）、近江の津田信澄《のぶすみ》（甥）らがいました。

信長の死後、司令官たちが激突

さすがに息子たち（長男・信忠と三男・信孝）は厚遇したものの、信長は基本的に実力主義です。へたをすれば自分も一族もカンパニーも滅びてしまう以上、実力主義を貫かざ

1582年頃の主大名勢力図と方面軍団

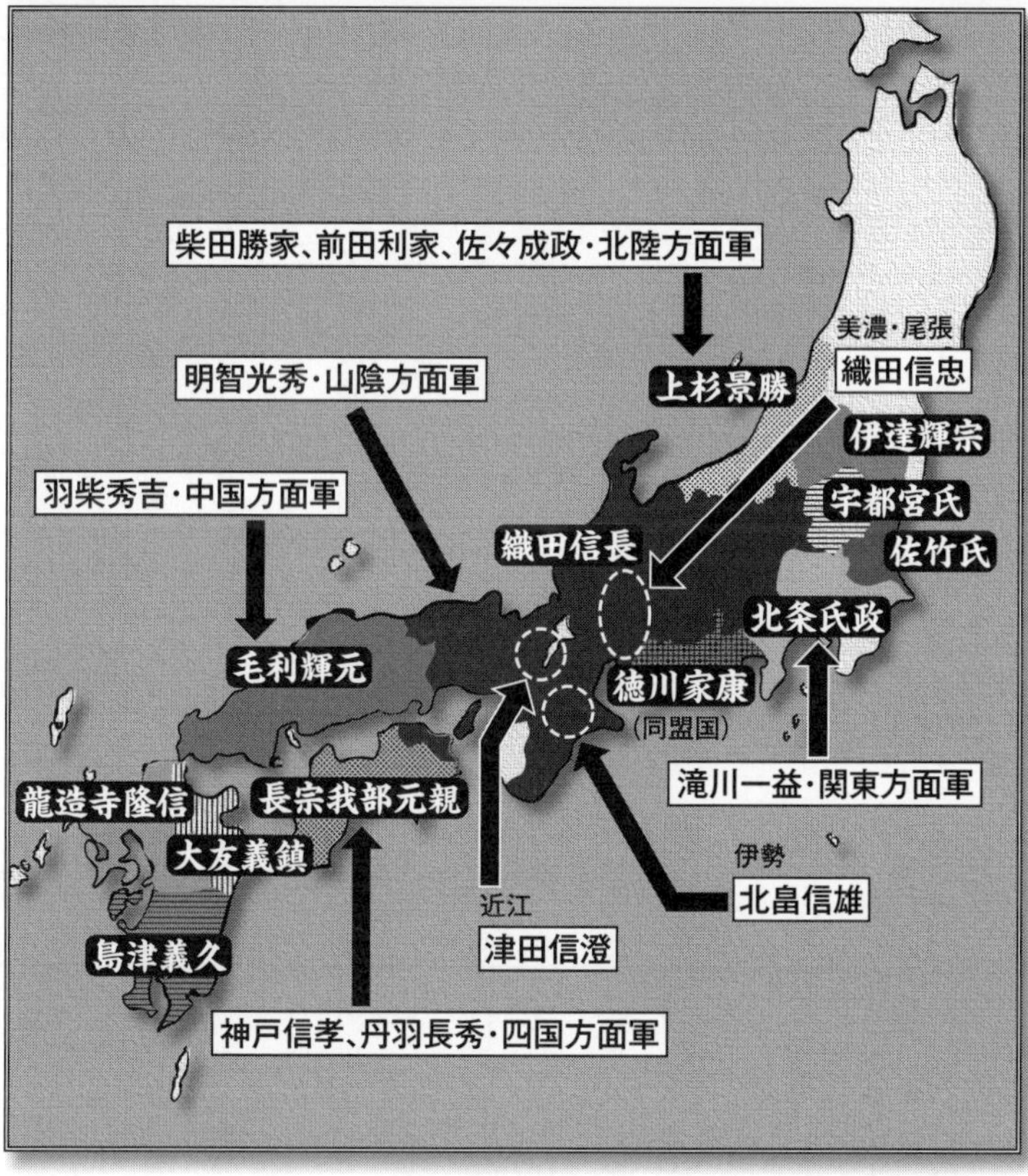

るを得ない。**織田株式会社の専務・常務クラスの柴田勝家、明智光秀、羽柴秀吉、滝川一益のうち、古くからの家臣は勝家だけ。他の3人は、ありていにいえば、どこの馬の骨かもわからない出自でした。いずれも実力を評価して信長が抜擢したもの**です。

北陸方面軍の司令官、柴田勝家は信長の父、織田信秀の代からの家臣です。信秀が死んだ後、はじめ信長の弟・信行を担ぎましたが、稲生《いのう》の戦いで敗れ、信長の

memo

伊勢長島一向一揆　浄土真宗本願寺勢力と信長の戦いである石山合戦に伴い、1570年から74年頃に伊勢長島で起きた一向一揆。

部下となりました。信長軍随一の猛将として知られ、「鬼柴田」の異名もあります。

山陰方面軍（その前は丹波・丹後方面軍）の司令官、明智光秀の家系は不詳で、父親の名前さえわかっていません。はじめは越前の朝倉義景、足利義昭に仕えましたが、あきたらず、信長を頼りました。戦上手が認められ、近江滋賀郡を与えられ、大津の坂本城主となりました。丹波・丹後の平定に力を発揮しました。

中国方面軍の司令官、羽柴秀吉は尾張・中村の出身で、足軽・木下弥右衛門の子です。18歳で信長に仕え、睡眠を削っての奉公の末、美濃攻略の際に攻撃拠点の墨俣城を数日で建造し、頭角を現します。37歳で長浜12万石の領主となりました。

滝川一益は近江・甲賀の土豪・滝川資清《すけきよ》の次男といわれます。信長に仕えるようになったのは40歳を過ぎてから。伊勢攻略では硬軟自在の戦略で、北畠氏に勝利、その功で尾張・蟹江城を与えられます。**伊勢長島一向一揆**を皆殺しにした際、信長から北伊勢郡5郡を与えられ、長島城主となりました。

本能寺の変後、彼らは天下取り・生き残りをかけたトーナメント戦に突入しました。ライバルを倒すか、ライバルに従うか、選択肢は2つに1つしかありません。4人の「本当の力量」が問われることとなりました。

信長軍団司令官たちの能力・スキル採点表

	戦略構築力	戦闘力	リーダーシップ	外交力	教養	合計
羽柴秀吉	10	7	10	10	6	43
明智光秀	6	8	8	8	8	38
柴田勝家	6	7	7	7	8	35
滝川一益	6	7	6	9	7	35

※著者が資料などを基に各項目10点満点で作成

尾張に足軽の子として生まれる

戦略や外交で敵を籠絡し、圧倒的な能力の高さ

戦略構築力では群を抜いている。戦術・戦闘ではなく、戦略や外交で敵を籠絡《ろうらく》し、圧倒するタイプ。信長に仕えて、さほど時間を置かず、お気に入りになるなど外交力・人間関係構築力も抜群。教養は他の3人に及ばなかったが、勉強熱心で、晩年には屈指の教養人となった

清和源氏の美濃・土岐氏の支流といわれている

行政官としても一級の人材

攻略戦では緻密な頭脳が光ったが、本能寺の変後は有効な手を打てず、破局への道をたどる。茶の湯や和歌をたしなみ、家康の接待を任されるなど優れた学識を持つ文化人の顔も。京都奉行、坂本城主を務め、行政官としても一級だったが、リーダーシップ、外交力に難があった

尾張に土豪の子として生まれる

「鬼柴田」の異名をとった猛将

「鬼柴田」「瓶割り柴田」の異名をとるほどの猛将。戦闘力には定評があった。ただ信長死後の清洲会議で秀吉、長秀に押し切られるなど、戦略構築力や外交力の点では見劣りがする。秀吉との賤ヶ岳の戦いの際も前田利家が離脱するなどリーダーシップにも問題があった。教養は豊かだった

もともとは甲賀忍者だったといわれる

秀吉や光秀をしのぐスピード出世

戦闘力、外交力には定評があった。秀吉や光秀をしのぐスピード出世で、「信長軍団の一番星」だったが、本能寺の変後、メッキがはげる。北条氏にムダな決戦を挑み、大敗。本拠地の伊勢へ逃げ帰り、面目は丸つぶれ。秀吉への嫉妬からか、時流を読めず、勝家に味方し、命運が尽きた

総評

秀吉を除く3人は雇い人（サラリーマン）としては優秀だったが、トップマネジメントを務めるには戦略構築力や中長期的な視点、合理的な発想が決定的に足りなかった。自立した、真の「事業部長」ではなかった

事業部長の条件① 成果を出す

歴戦の功労者も成果が出なければ容赦なくクビ

本願寺攻めの失敗で実績ある事業部長を糾弾

事業部長の役割は一にも二にも成果を出すことです。どんな理由があったにせよ、**目標を達成しない事業部長が評価されることはありません**。

過去の実績は、何の役にも立たない。かつては、信長の右腕ともいわれた佐久間信盛の失脚が、それを証明しています。信盛は信長が幼い頃から側近として仕え、主だった戦いには、すべて参加しました。家督相続の際も、信長の弟・織田信行が謀反を起こした際も、一貫して信長を支え続けました。

佐久間氏は織田家代々の重臣中の重臣で、佐久間大学らが桶狭間の戦いで討ち死にして以降は信盛が一門の代表を務めました。

実績も悪くありません。箕作城《みつくりじょう》攻略、元亀の争乱などでは中核として戦い、近江の六角氏との戦い、越前の朝倉攻め、松永久秀討伐、伊勢長島・越前の一向一揆討伐、長篠の戦い、比叡山焼き討ちなど主要な戦いでも活躍しました。

戦功を評価され、天正4年（1576年）、信長軍では初めてといえる方面軍（石山本願寺攻略軍）の司令官に任命されました。前任の司令官が無理に攻めて戦死したことから、代わって信盛が指揮を執ることになったのです。

この時点では他に方面軍司令官はいませんから、信長軍団の筆頭格と目されていたことは間違いありません。ところが、石山本願寺との戦いが終わった後、突然、信長から追放処分を受けました。

「外の世界に対する貢献に焦点をあわせることである。仕事ではなく成果に精力を向けることである。期待されている成果は何かからスタートすることである」

『経営者の条件』

天正8年（1580年）8月、信盛は信長から19カ条に及ぶ「折檻状《せっかんじょう》」を突きつけられました。信盛は石山本願寺攻めの総司令官でしたが、「信盛・信栄《のぶひで》親子は石山本願寺を攻めるために設けた天王寺砦に5年間もおりながら、何の功績もあげていない」と厳しく糾弾する内容でした。**本願寺攻めの失敗を追及し、信盛の指導力や戦略立案力・実行力を完全に否定**しました。

石山合戦地図

「本願寺を過大評価し、戦闘・調略もせず、ただ砦を守っていたら、そのうち信長がなんとかしてくれるのではないかとの甘い見通しを立てていたのではないか」ともあります。本願寺勢力は信長にとって〝最高最大の敵〟といえました。

石山本願寺は一向宗（浄土真宗）の拠点で、本山的な役割を担っています。宗教勢力ではありましたが、第11世の法主・顕如《けんにょ》をリーダーに、大量の武器・弾薬を保有する、戦国時代屈指の武装集団でもありました。

しかも本願寺そのものだけでなく、伊勢長島や越前など各地の一向一揆や、足利義昭、朝倉義景、浅井長政、武田信玄、北条氏康・氏政らと連携するなどそのパワーは侮りがたく、有力大名に匹敵するほどといっても過言ではありません。現に信長と11年の長きにわたって抗争を展開するだけの実力を持っていました。

memo

第2次木津川口の戦い　1578年に信長と11年にわたり抗争していた石山本願寺への兵糧搬入を試みる毛利水軍と、それを阻む織田水軍の間で勃発した戦い。織田水軍の勝利で石山本願寺の完全封鎖を果たす。

事業部長の尻拭いをしたのは信長本人だった！

ただ、大坂湾上で行われた天正6年（1578年）の**第2次木津川口《きづがわくち》の戦い**の結果、顕如の心境が変わりました。

鉄甲船を使った信長軍の新戦法のために毛利水軍が壊滅させられたことは、顕如に心理的なダメージを与えました。海上からの補給ルートが消え、弾薬や糧食が手に入らなくなると、籠城作戦にも限界があります。

天正8年（1580年）、全滅を恐れた顕如は信長と和睦し、石山本願寺を退き、紀伊の鷺ノ森《さぎのもり》に移りました。反対した長男を義絶し、三男を後継者としました。

最終的に本願寺勢力が退去した後、信長軍は寺に火を放ち、すべてを焼き尽くしました。火は三日三晩、燃え続けたといわれます。

もっとも、失火が原因ともいわれ、西国への拠点として無傷のまま建物を手に入れたかった信長を激怒させたとの説もあります。後者であれば、その怒りが佐久間親子にぶつけられたのかもしれません。

確かに、石山本願寺攻略戦では信盛に目立った働きがありません。木津川口の戦いの後、顕如と交渉し、戦いを終わらせたのも信長本人でした。

折檻状によると、本願寺攻略軍は三河、尾張、大和、河内、和泉、紀伊の勢力を集めた最大規模の軍団でした。それでも、力攻めは控えていたこともあって、なかなか事態を打開できませんでした。

ただ、信盛は本願寺戦だけに専念できたわけではありません。信長軍の司令官は本社の役員も兼ねていますから、メインの仕事以外にも多数の仕事があり、東奔西走しなければなりませんでした。

その辺の事情があるとはいえ、信盛は戦略も外交、調略もなさすぎました。頭を使わなかった。結局、嫡男とともに、高野山へ追放されました。

その後、高野山からも退去させられ、熊野へ移ります。従者もいなくなり、十津川で湯治しているときに、病死したとも、事故死したとも、殺害されたともいわれています。

事業部長の条件② 時間を体系的に管理する

本能寺の変後は、時間を有効に使えなかった光秀の失敗

光秀が天下を取れなかった理由

時間は有限です。事業部長が使える時間には限りがあります。ドラッカーは、**ものごとに劣後順位をつけ、不要な仕事は、きっぱりと捨てる**よう、アドバイスしています。劣後順位とは不要なもの、ムダなもの、下位のものをピックアップすることです。なすべきことを絞り込み、成果に結びつかないことには時間という貴重な資源を浪費するな、と教えているわけです。優先順位ならぬ劣後順位に注目したことにドラッカーの非凡さがあります。

本能寺の変で信長と嫡男・信忠が死んだ時点で、天下布武に一番近い位置にいたのは乱を起こした張本人の明智光秀でした。ただ、四方八方に敵を抱えている状態で、競合する大名を討ち滅ぼすか、傘下に収めるか、あるいは彼らと手を結ばない限り、光秀の時代は絶対にやってこない。この時点でのライバルは各方面軍の司令官たちでした。

光秀自身は山陰方面軍司令官でした。中国方面軍司令官の羽柴秀吉の支援を命じられ、軍を移動させている最中、チャンスと見て本願寺の信長を討ったのです。主君を殺された以上、彼らが血相を変えて、光秀に挑んでくることは間違いありません。各方面軍とも1万数千から2万の兵力です。いっぺんにやってこられては戦上手の光秀といえども、勝利を得ることは難しい。

ただし、1対1の戦いであれば勝機は開けます。光秀にとって幸運といえる状況だったのは、各方面軍が全国に散らばっていたことです（だからこそ乱を起こしたのですが）。光秀がとるべき戦略は、時間差で来襲してくるだろう方面軍を個別に撃破する作戦しかありません。

「何に自分の時間がとられているかを知ることである。残されたわずかな時間を体系的に管理することである」

『経営者の条件』

本能寺の変後、光秀は「残されたわずかな時間を体系的に管理すること」に失敗しました。頭脳明晰といわれた光秀にしては、あまりにもモタモタしていた。自分で戦略を立て、それを実行することができません。しょせん天下を取る器ではなかったのでしょう。

光秀が天下取りに成功するとしたら、スピーディーな行動が必要でした。成功戦略を描くなら、信長を討ったその足で朝廷に乗り込み、6月1日付の「逆賊・信長を討て」との勅命《ちょくめい》を手に入れるべきでした。

大義名分を整えた上で、すぐさま大坂に遠征し、堺で遊覧中の徳川家康を誅殺《ちゅうさつ》（罪をとがめて殺すこと）し、四国への渡航準備を進めていた神戸信孝・丹羽長秀軍を討ちます。本能寺の変の報を聞き、四国方面軍は逃亡兵が相次ぎ、正規軍としての体裁を失っていました。壊滅させるのは造作なかったでしょう。

その後、中国から東上してくる秀吉軍と対戦します。勝利が絶対の条件で、その後、柴田勝家、滝川一益らとの交渉を開始すればいいのです。大義名分を整えた上で交渉に臨めば、配分できる領地は、たくさんありますから、ひょっとしたら戦わなくてもすんだかもしれません。交渉が成立しなくても、この2人は秀吉ほどの実力はありませんから、打ち破るのは難しいことではありません。

ところが、実際には多数派工作に手間取りました。光秀は安土城を接収すると、長浜城、佐和山城を占領した後、ふたたび京都へ入りました。公家衆には拍手で迎えられましたが、味方づくりは遅々として進みません。

memo

山崎の戦い　1582年6月の本能寺の変後、羽柴秀吉が山城国で明智光秀を討った戦い。秀吉軍4万に対して光秀軍は1万6000という圧倒的な戦力差で秀吉軍が勝利した。

盟友や子飼いの部下も光秀軍に参加しなかった

盟友だったはずの細川藤孝《ふじたか》・忠興《ただおき》親子には光秀軍への参加を断られ、子飼いといってよい筒井順慶《じゅんけい》にいたっては、一度は承諾しながら、秀吉の軍勢が東上しているとの情報に接するや、城にこもったまま出てきませんでした。

細川親子も順慶も山陰方面軍に組み入れられる予定でしたから、その時点で、人質を取っておくべきでした。この時点の光秀には、計画性がありません。謀略のかたまりといっていい秀吉に勝てるはずもなかったのです。

もっとも、本能寺の変までの光秀はパーフェクトといえます。外交力は抜群で、足利義昭を信長に引き合わせ、京都経営、対将軍・朝廷工作などにも力を発揮しました。外様組ではありましたが、信長は高く評価し、重臣の柴田勝家、丹羽長秀らと肩を並べるほどになりました。

越前朝倉攻めの後、大和、東美濃、河内などを転戦、丹波攻略も成功させました。佐久間信盛への折檻状のなかで、信長は「光秀の働きは天下の面目をほどこした」と真っ先に光秀を絶賛しています。この時点で、信長の胸中では光秀が功績ナンバーワンの位置を占めていたわけです。このとき、丹波一国を与えられ、亀山城主ともなりました。

秀吉軍との**山崎の戦い**は、はじめは一進一退でしたが、最初に変化があったのは光秀軍の左翼でした。秀吉軍が攻め込み、そこを守っていた部隊が後退を始めました。側面からの攻撃を気にした光秀軍の圧力が弱まり、秀吉軍がすべての戦線で一挙に攻勢に出ました。兵力で劣る光秀軍は苦しくなります。戦場から離脱する兵士も出始めました。

光秀はいったん戦場を離脱し、本拠地の近江・坂本城に帰還しようとしましたが、途中で地元民に襲われ、絶命しました。すでに運も尽きていました。

事業部長の条件③　成果をあげる領域に力を集中

最重要事に力を集中しなかった勝家は秀吉に敗れた

競合対策に力を入れなかった柴田勝家

事業部長は成果を出さなければいけません。成果とは競合に勝ち、利益を出すことです。資源が限られている以上、あれもこれもはできません。成果をあげる領域に力を集中する必要があります。

ところが、往々にして手を広げすぎ、最も肝心なことができなくなることがあります。北陸方面軍司令官だった柴田勝家が、その典型。**優先順位が低いことにかかずりあって、競合（秀吉）対策に力を入れませんでした**。

本能寺の変が起こった頃、勝家は上杉方の越中・魚津城を攻めていました。

勝家は信長の父・信秀の時代からの重臣で、信秀が死んだとき、信長の弟・信行に肩入れしましたが、弘治《こうじ》2年（1556年）、稲生の戦いで敗退し、信長に降伏。翌年、信長のもう1人の弟・信勝が謀反を計画していることを密告し、信長と主従の関係を結びました。さまざまな戦いに参加して武勲を立て、領地経営にも手腕を発揮しました。

memo

手取川の戦い　1577年に加賀の手取川で上杉謙信軍と信長軍が激突した戦い。能登の七尾城を謙信が侵攻。信長軍の第一軍団長として指揮を執っていた柴田勝家の内部統制が乱れ、謙信軍に撃破される。

「鬼柴田」の異名もあるほど、当代随一の猛将として名を馳せます。天正3年（1575年）、越前の一向一揆を平定した際、大きく貢献したことから、その後、北陸方面軍司令官に任命されました。

北陸方面軍の欠点は一体感がないことです。

勝家の養子と加賀の佐久間盛政の仲が悪く、能登の前田利家と越中の佐々成政も険悪でした。勝家本人も成政と大ゲンカして利家が仲裁に入ったこともありました。足並みが乱れていたのです。

寄せ集めの一国一城の武将たちだっただけに、無理もないところもありますが、勝家に「リーダーのリーダーとしての器」が欠けていたことは確かです。

上杉謙信の軍と戦った**手取川《てとりがわ》の戦い**でも、勝家のリーダーシップのなさに嫌気がさした羽柴秀吉が戦線を離脱。勝家軍は謙信軍に完膚《かんぷ》なきまでに撃破されました。「武闘派」と呼ばれながら、勝家のイメージが悪いのは重要な戦いで、ことごとく敗れているからです。

「優れた仕事が際立った成果をあげる領域に力を集中することである。優先順位を決めそれを守るよう自らを強制することである。最初に行うべきことを行うことである。二番手に回したことはまったく行ってはならない。さもなければ何事もなすことはできない」

『経営者の条件』

勝家軍の総攻撃で魚津城が落ちたのは本能寺の変の翌日、天正10年（1582年）6月3日のことでした。「信長死す」との情報が届いたのは6月7日だったようです。北陸方面軍は越中東部の制圧をあきらめ、それぞれの領地へ帰国することになりました。明らかに勝家の判断ミスです。最初に行うべきことは光秀を討つことでした。

北陸の国人《こくじん》は信長に心から帰伏していたわけではありません。信長という巨大な「重し」がとれたことで、スキを見せると、反旗を翻しかねません。あえて考えれば、勝家はもちろん、佐々成政、前田利家、佐久間盛政も互いにけん制しあって、動くに動けなかったといえます。

ただし、それは二番手の仕事でした。領地のことなど、捨てておくべきでした。「二番手に回したことはまったく行ってはならない。さもなければ何事もなすことはできない」とのドラッカーの言葉が勝家の行く末を見事に予言しています。毛利軍との講和を実現し、いちはやく主君の仇《あだ》である光秀を討った秀吉の時代が来ようとしていました。

清洲会議で秀吉の台頭

本能寺の変で信長の嫡子の信忠も死んだ以上、信忠に代わる後継者を決めなければなりません。天正10年（1582年）6月、尾張の清洲城で主だった家臣が集まり、後継者選定会議が開かれました。出席者は信長の次男・北畠信雄、三男・神戸信孝の他、勝家、秀吉、長秀、池田恒興《つねおき》ら7人でした。

本来なら織田家筆頭家老の勝家の意見が重きをなすところでしたが、秀吉、長秀は光秀と戦い、これを滅ぼしています。特に秀吉の功績は大きく、秀吉の意向には逆らえない雰囲気がありました。

イエズス会宣教師の『日本西教史』に「次子（信雄）は痴愚《ちぐ》、第三子（信孝）は勇気あり」と書かれているように、信孝のほうが優秀だったようです。勝家は後継者として信孝を強く推しましたが、秀吉は信忠の遺児で、当時3歳の三法師を抱いて登場するパフォーマンスを見せ、三法師の後継を認めさせました。

天正11年（1583年）、勝家は美濃の織田信孝、北伊勢の滝川一益らと組んで秀吉に最後の決戦を挑みました。秀吉を三方から包囲し、撃滅しようという構想です。あわせて、徳川家康や毛利輝元、上杉景勝らの有力部将に書状を送り、支援を依頼しました。もちろ

memo

賤ヶ岳の戦い　1583年、近江の賤ヶ岳付近で行われた秀吉と勝家の戦い。信長亡き後の主導権争いで、秀吉が勝利。信長権力の継承者となり、天下統一を目指すことになった。

ん、秀吉も、これらの部将へ強力に働きかけます。結果的には皆、様子見を決め込み、どちらの味方もしませんでした。

秀吉は長浜城の柴田勝豊（勝家の養子）をとり込み、織田信孝も降伏させます。**賤《しず》ヶ《が》岳《たけ》の戦い**では勝家軍の佐久間盛政の暴走、秀吉の美濃大返し（美濃・大垣から近江・木之本までの約52キロの道のりを5時間で踏破した軍団移動のこと）、前田利家らの戦場離脱があり、勝家軍は惨敗、北の庄へ逃走しました。

勝家は信長の妹で、当代随一の美女といわれた、お市とともに天守で最期の宴を行った後、自刃《じじん》しました。

事業部長の条件④　強みを基盤にする

無謀な戦いで北条氏に完敗した滝川一益

信長軍屈指の切れ者も本能寺の変後は運気が急降下

状況は時々刻々と変わります。**かつては強みであったものが弱みに変わることもあり得ます。何が現在の自分の強みか、何が弱みか、しっかりと把握しておかなければなりません。**

本能寺の変が起きる前、関東方面軍司令官の滝川一益は信長軍団の〝輝ける星〟でした。信長の指示のもとで東奔西走、各地で天下布武の突破口を切り開きました。信長軍屈指の切れ者で、出世のスピードは羽柴秀吉や明智光秀をしのぐほどでした。ところが、本能寺の変の前後から運気が急降下、何をやってもうまくいかなくなり、急速に落魄《らくはく》していきます。

自立した事業部長ではなかったわけです。信長の死後に戦略を描けなかった時点で、誰かの後についていくしかない雇い人であることが明確になりました。しょせんは信長という巨大な太陽の周囲をめぐる星にすぎなかったのか、太陽が消えてしまったことで、輝きを失ってしまいました。

もっとも、前半生は輝きに満ちていました。近江・甲賀郡の出身で、初めは六角氏に仕えましたが、信長が勢力を伸ばすと、その家臣となりました。信長は一益の外交能力をすぐに見抜いたようで、早くも桶狭間の戦いの翌永禄4年（1561年）には松平元康との同盟交渉役を任せています。

永禄10年（1567年）には一軍のリーダーを務め、信長とともに伊勢に進攻、巧みな戦闘、外交、調略で北畠氏に勝利し、その功で尾張・蟹江城を与えられました。信長勢にとって北伊勢は最重要な拠点で、信長が足利義昭を擁して上洛した際も一益は伊勢にとどまり、守備を固めました。

天正2年（1574年）、伊勢長島の一向一揆勢を片づけたことで、信長から北伊勢5郡を与えられ、長島城主となりました。

「強みを基盤にすることである。自らの強み、上司、同僚、部下の強みの上に築くことである。それぞれの状況下における強みを中心に据えなければならない。弱みを基盤にしてはならない。すなわちできないことからスタートしてはならない」

『経営者の条件』

一益は武田軍との三方ヶ原の戦い、長篠の戦いの他、石山本願寺攻めなどでも活躍。武田勢をたたきつぶした信濃、甲斐攻めでは総司令官である織田信忠をサポートし、実質的な司令官を務めました。

勝頼を孤立無援の状態に追い込み、首級を取ったのも一益でした。功を賞され、信長から上野国《こうずけのくに》と信濃の一郡を与えられます。さらに、しばらくの間、箕輪城、厩橋《まやばし》（前橋）城にとどまり、関八州《かんはっしゅう》（現在の関東地方）の監視と東国（東日本）の取次をするよう命じられました。

「弱みを基盤にした」無謀な戦い

一益は信長から馬と脇差（予備の武器）を贈られ、その馬に乗って関東に入りました。柴田勝家や秀吉、光秀らの信長軍団のエース級と並んだわけです。

作家の津本陽は「戦えばかならず勝ったので、守ってもよし攻めてもよしの実力を持っていた。このため、滝川は思いもよらぬ大抜擢をされた。30石ぐらいから5万石になるのに4年数カ月であった」（『戦国武将に学ぶ情報戦略』）と絶賛しています。

一益にとっては人生のピークでした。栄光の日々は長くは続きません。本能寺の変後、信長軍団の部将たちが天下取りをかけたトーナメント戦を始めたからです。一益は、その戦いに出場する機会さえ与えられませんでした。

本能寺の変の直後、「信長死す」との情報に息を吹き返した北条氏直が5万6000の大軍を率いて上野を目指して発進しました。一益の兵力は2万弱にすぎません。しかも、信長の死を知った配下の部将たちは動揺しています。とうてい決戦を戦えるような雰囲気ではありませんでした。

ドラッカーは「**弱みを基盤にしてはならない**」と強く警告しています。どうして一益は得意の外交術を生かして、北条氏直と交渉しなかったのか。この状況で強みを生かすとしたら、絶対に戦闘は避けるべきでした。

ところが、一益は無謀な戦いを始めてしまいます。武蔵の金窪《かなくぼ》で両軍が激突。それでも、初戦は一益軍が勝利したものの、数日後に行われた神流川《かんながわ》の戦いでは大敗しました。上野国を放棄せざるを得ず、碓氷《うすい》峠から小諸を経て、木曽路伝いに本拠地である伊勢へ、ほうほうのていで逃げ帰りました。

面目は丸つぶれで、秀吉からは「敵前逃亡」と皮肉をいわれ、織田家の後継者を決める清洲会議では、何の発言権も与えられませんでした。

秀吉と勝家の対立が激化すると、一益は勝家につきました。秀吉は勝家に最終決戦を挑む前に勢力をそいでおこうと、北伊勢に侵攻。亀山城を落とし、一益が長島城から一歩も動けないようにしました。一益は己の命運を決める賤ヶ岳の戦いに参加できなかったのです。秀吉に抜かりはありません。勝家を自害に追い込んだ後、北伊勢に戻ってきました。一益には戦う気力が残っておらず、あっさりと降伏しました。

信長×ドラッカーの
時空を超えた！

4章のまとめ対談

第4章では信長軍団の方面軍司令官たちをとりあげ、私が提唱した事業部制の特徴と事業部を率いる事業部長の条件を紹介しました。

私の最晩年、北陸、中国、山陰、関東、四国の5つの方面軍を組織した。方面軍は独立性の強い組織で、大まかな攻略方針は私が示したものの、戦略や人事、外交、諜報、調略などの決定権は方面軍司令官に与えたのだ。

事業部制は分権制とも呼ばれるように、本社に全権限が集中する集権制に対し、事業部内の製造、販売、人事に関しては事業部長が一切の権限と責任を持つ制度のことです。本社スタッフは事業部運営の助言・提案をするだけで、指揮はしません。

方面軍司令官の役割は一にも二にも成果を出すこと！ どんな理由があるにせよ、目標を達成できない司令官を評価することはできない。最初に方面軍司令官に登用した佐久間信盛も石山本願寺を落とすことができなかったので、容赦なくクビを切ったのだ。

人材育成の観点から見た事業部制のメリットは①意思決定のスピードが速い、②万事が公正で、優れた仕事が評価される、③実力主義、④次世代リーダーの育成ができるといった点です。

方面軍司令官は競合に勝ち、利益、戦国時代では領土を確保しなければならない。私は方面軍司令官たちに、何よりも成果を求めたのだ。

第5章

信長×ドラッカー②
イノベーション

兵農分離から楽市楽座――1つのイノベーションが次のイノベーションの扉を開く

「顧客の創造」はマーケティングとイノベーションが必須

ドラッカー理論の核は「顧客の創造」です。広い意味では新しい市場の創出を意味していますが、そこまでいかなくても、**新しい顧客を獲得し、リピーターになってもらうためにはマーケティングとイノベーションが欠かせません**。

ドラッカーはイノベーションをつくるきっかけとして、次の7つの機会を示しました。

①予期せぬ成功と失敗を利用する
②ギャップを探す
③ニーズを見つける
④産業構造の変化を知る
⑤人口構造の変化に着目する
⑥認識の変化をとらえる
⑦新しい知識を活用する

①は、たまたまうまくいったこと、うまくいかなかったことがあったとき、その原因を

考察することでイノベーションにつなげること、②は予想と結果、願望と実際のギャップなどに注目し、そのギャップを埋めるための手段・道具を考える方法、③は「不便だな」「使い勝手が悪い」「もっと効率よくならないか」といった不平・不満を解消し、満足度を上げるための手段・道具を考えることです。

信長が成し遂げたイノベーションは大半がこの②と③から生まれたものです。「こういう武器があったら勝てる」「こういうものがあったら便利だ」といった信長の思いつきや願望を形にすることで、イノベーションを実現しました。

④、⑤は社会や経済の変化に注目したことで、⑥は意識の変化や認識のギャップにイノベーションのタネを見つけること、⑦は発明発見や科学の最新成果など新しい知識をイノベーションのベースとして利用することです。従来のイノベーションの考え方に一番近いのは⑦でしょう。⑤は、まるで現代の日本人のためのアドバイスのようです。

少子高齢化は教育、医療、福祉、玩具、衣料、娯楽・アミューズメントなどの業界に大きな影響をもたらしました。こうした業界では、1つの画期的なイノベーションが業界の勢力地図を大きく塗り替えるかもしれません。

販売のイノベーション
品質や機能ではなく、売り方で差別化した

イノベーションは技術分野だけに限らない！

ニーズを見つけるためには発想の転換が必要です。**ニーズは「満たされていない欲求」**のことで、顕在ニーズと潜在ニーズがあります。顕在ニーズとは自分が意識している欲求、潜在ニーズは自分さえ気づいていない欲求を指します。

商売とは消費者やユーザーのニーズを満たすものを売って、その代わりにお金を得ることです。**消費者やユーザーが「こんなものが欲しい」と声をあげるのは顕在ニーズ**で、企業もキャッチしやすい。**消費者やユーザーが言葉にできないような、おぼろげなニーズが潜在ニーズで、それに応えた商品や事業を、競合他社に先んじて世に送り出すことができれば、この上なき競争優位を確立できます。**

「イノベーションは技術に限らない。モノである必要さえない。それどころか社会に与える影響力において、新聞や保険をはじめとする社会的イノベーションに匹敵する

ものはない。割賦販売はまさに経済そのものを供給主導型から需要主導型へ変質させた」

『イノベーションと企業家精神』

ドラッカーはイノベーションを技術の分野だけに限定しませんでした。新聞、保険、病院などと並んで、割賦販売を社会と経済を変えたイノベーションとして紹介しています。割賦販売は企業、消費者双方に大きなメリットがあり、商業の仕組みを大きく変えました。

19世紀の初頭、米国の農民は経済力がなく、収穫機械を購入することができませんでした。広大な農場を持っていたものの、農作物を効率的に収穫できなくては収入が増えず、毎日の生活にもこと欠きます。こうした状況を見て、収穫機械の発明者の1人、サイラス・マコーミックは次のように考えました。

「収穫機械を使って農作物を収穫すれば、農民たちは収入が得られる。その収入から機械の代金を支払ってもらえばよい」

ただし、全額を先延ばしにすると不払いが増えると考え、少しずつ支払う仕組みを整えました。農民は「将来手にするだろう稼ぎ」によって収穫機械を購入できるようになったのです。

過去の蓄積ではなく、未来の稼ぎに目をつけたところにマコーミックの慧眼《けいがん》があります。

他の収穫機械との差別化を性能や品質の違いではなく、売り方を変えることで実現しました。割賦販売という革新的な売り方を考案したマコーミックは巨大な利益を得ただけでなく、顧客である農民たちにも大いに感謝されました。逆にいえば、**商品の品質や機能、価格などで競合に負けていても、売り方次第で逆転できる**ことを意味しています。

つまり、**ドラッカーの考えるイノベーションとは、革新的な技術・商品を生み出すことにとどまるのではなく、商品を効果的に売る仕組みの創出、さらには社会や経済を大きく変える仕組みやプロセス、システムを創造する**ことまでを含んでいたのです。「イノベーションはつまるところ経済や社会を変えなければならない」がドラッカーの持論でした。

農家という新しい市場の発見

1950年代半ばの松下（現在のパナソニック）は、農家という新しい市場に注目しました。当時の日本は、まだ貧しく、テレビは大変な贅沢品でした。家電メーカーの大半は、普及にはまだまだ時間が必要と見ていました。ドラッカーは、その当時、日本の家電メーカーの会長がニューヨークで講演し、「日本は貧しいから、テレビのように高額なものは買えない」と話していたことを紹介しています。

しかも、当時の松下は東芝、日立など大手家電メーカーと比べるとまだ小さく、ブラン

ドラッカーの考えるイノベーション

1 革新的な技術・商品を生み出すこと
2 商品を効果的に売る仕組みの創出
3 社会や経済を大きく変える仕組みやプロセス、システムの創造

イノベーションはつまるところ
経済や社会を変えなければならない！

1950年代の松下は、商品を効果的に売るイノベーションを図った！

ブランド力がある
東芝・日立→テレビを**百貨店**で売る

↕

ブランド力なし、
販売力・技術力劣勢の
松下→**農家**に売る

商品力のない松下は大手が未開拓の新しい市場で売る仕組みをつくった！

ド力もありませんでした。技術力も販売力も劣勢でした。そこで、**家電大手が目をつけていない農家という市場**をターゲットとしました。

「松下よりも優れたテレビを開発していた東芝や日立は東京の銀座や大都市の百貨店で売っていた。地方の農民にとってはお呼びではないところだった。これに対し松下は農家を一軒一軒訪ねてテレビを売った。農家に対し、木綿の作業ズボンやエプロンよりも高いものをそのように売ろうとしたのは松下が初めてだった」『イノベーションと企業家精神』

こうして、松下は農家という新しい市場を発見しました。

動員のイノベーション

常備兵を雇うことで、召集に時間がかからなくなった

「競合に勝つための方法探し」＝「イノベーションの実現」

信長は日本史、いや世界史上屈指のイノベーター（革新者）です。あまりにも新しいがゆえに、同時代の誰も信長のことを理解できなかった。側近だった柴田勝家や丹羽長秀はもちろん、頭の回転が速かった明智光秀や海外の文化にふれる機会の多かった堺や博多の商人にとってさえ、異質な存在でした。

かろうじて、豊臣秀吉だけが信長の稚拙《ちせつ》な模倣者だったといえます。新しいものは旧勢力から徹底的に排除されます。信長の非業《ひごう》の死も歴史の必然だったのかもしれません。

信長をイノベーターたらしめたのは、16世紀の人らしからぬ合理的な思考でした。目的に向かってベストと思われる方法を選ぶ目的合理性を持っていました。**出発点は「どのようにしたら、競合に勝てるか」**です。競合に勝つための道具・方法を探すうちに、いつのまにかイノベーションを実現していました。

信長の場合、**イノベーションの方向はスピードアップ**です。

たとえば、動員のプロセス。「義元軍の先遣隊が尾張と三河の国境に集結している」との情報が入ったら、すぐさま軍を出動させたい。ところが、農民兵の場合、動員に時間がかかります。兵士は村落共同体の在地領主（国衆）や地侍《じざむらい》に属していますから、まずは、こうした有力者の合意をとりつけなければいけません。出かけていって、1人ずつOKをもらうわけにはいかないので、城に集めて会議を開きます。

たまたま城に来ていればいいのですが、領地に戻っていたりすると、伝令を派遣することになります。伝令を派遣する→城に有力者を集める→会議を開いて出動の合意をもらう→有力者が地元に戻る→兵士を集める→城へ移動→集結→出陣というプロセスになり、あまりにも手間と時間がかかる。こうした手続きをしているうちに、敵は国境から姿を消しているかもしれません。

大軍になると、さらに時間がかかります。永禄3年（1560年）に今川義元が信長との戦いのために出陣した際、義元は5月1日に召集令を出し、10日に先遣隊、12日に本隊を出発させました。召集から出陣まで10日以上かかっています。

「動員のプロセス」のイノベーションは兵農分離

動員のスピードアップを図るためには、どうすればいいのか。その答えが兵農分離でした。お金を出して常備兵を雇うことで、こうしたプロセスをすっ飛ばすことができたのです。常備兵は信長が直接雇っていますから、動員に際し、いちいち有力者にうかがいをたてる必要がありません。しかも、城内に住まわせたので、号令をかければ、すぐに集まります。武器や鎧を貸与すれば、即出陣も可能です。

常備兵のリーダーも諸国からきた〝流れ者〟を起用しました。明智光秀や滝川一益らがその代表格で、領地を持っていないので国元に帰る必要はありません。城下に住まわせることができました。

リーダーも兵士も城内か、城の近くに住んでいるわけですから、動員には、ほとんど時間がかかりません。**数日かかっていたものが、数時間で対応できる**ようになりました。従来のやり方に比べると、驚くほどスピードアップされました。

信長は**動員のプロセスのイノベーション**を成し遂げたわけです。

副次効果も大きかった。1つは、ふだんから一緒に生活しているので、戦いに不可欠のチームワークが養われました。2つは常備兵には武器を貸与したので、長槍隊のように武器ごとのチーム編成が可能になりました。3つは訓練時間がとれるので、さまざまな集団戦法の練度をあげることができました。4つは信長にとって目の上のタンコブだった有力者の権限をそぐことになりました。

信長のイノベーション

どうしたら
他の戦国大名
（競合）に
勝てるか
勝つための
方法・道具を
考えているうちに
イノベーションを
実現！
農民兵の場合は召集から
出陣まで10日かかる！
イノベーション
兵農分離で常備兵を直接
雇い、城の近くに住まわ
せると、召集から出陣ま
で数時間！
10日
数時間
数時間

信長軍は信長のワンマンチームへと変貌しようとしていました。その仕上げが桶狭間の戦いです。

生涯で一度も籠城作戦をとらなかった

動員のスピードアップは戦い方を変えました。

機動力が格段に向上した信長軍は以前にもまして超攻撃的な作戦をとるようになったのです。信長は生涯で一度も籠城《ろうじょう》作戦をとったことがありません。義元軍が来襲した際も、籠城作戦は有力な選択肢の1つでしたが、信長は見向きもしませんでした。圧倒的な兵力差がある以上、籠城作戦にも限界があります。守る側は精神的にも参りやすい。太平洋戦争で陸軍参謀を務めた大橋武夫も次のように述べています。

「理論的には、兵力が足りなくて攻撃できないから防御するのであるが、実際に防御してみると、逆に兵力がますます足りなくなるから不思議である。ある地域を確保しようとして、敵の出方をいろいろ考えていると、いたるところが不安になり、いたるところに配兵したくなるので、莫大な兵力を必要とするようになってしまう。兵力の足りない場合には、むしろ敵の攻撃基地に先制攻撃をかけるほうが楽であり、『攻撃は最大の防御なり』ということになるのである」

『図解兵法——組織を率いる戦法と策略』

信長は敵の攻撃基地に先制攻撃をかける作戦を選択します（桶狭間の戦いに限りませんが）。分断した義元軍の手薄になった本隊をねらいました。信長が意思決定すれば、すぐさま戦闘モードに入れることが信長軍の強みでした。

桶狭間の戦いの前日の軍議では、信長は出陣のことなど、ひと言もふれていません。翌朝、信長が供の者数人を連れて清洲城を飛び出した際、信長軍の本隊も、すぐさま後を追いかけ、善照寺砦で追いつきました。主君の行動に、すぐに対応できるだけの俊敏性とスピードを備えていたのです。

戦法、経済、交通のイノベーション
失敗から成功を生み出し、自分の不満をニーズに変えた！

生涯チャレンジャーだった信長

市場を支配しているマーケット・リーダーよりも、マーケット・チャレンジャーやマーケット・ニッチャーのほうがイノベーションを起こしやすいといえます。経済や産業構造が変化しているとき、リーダー企業は、それまで通用していた商品、技術、販売の仕方に固執し、顧客や市場の変化に目を向けようとしないからです。対して、チャレンジャーやニッチャーは自分を変化させないと顧客や市場の変化についていけませんから、柔軟に対処します。

信長は生涯にわたってチャレンジャーでした。敗戦や失敗、ときには成功を糧《かて》にして、戦略や戦法をどんどん変化させました。対武田戦でも三方ヶ原の戦いでの敗戦を教訓に、長篠の戦いでは武田軍が得意な騎馬戦法を空堀、馬防柵で封じ、自軍の強みである鉄砲で勝負しました。

本願寺への補給ルートをつぶすため、毛利水軍と戦った木津川口の戦いでも天正4年

（1576年）7月に行われた第1次の戦いでは毛利水軍の機動力と火力の前になす術《すべ》もなく敗れましたが、第2次の戦いでは鉄の巨大船を中心とした戦法で雪辱を果たし、海の難敵を葬りました。

第1次で敗れた後、信長は九鬼《くき》水軍のリーダー、九鬼嘉隆《よしたか》を呼ぶと、船の改良を命じ、「火器による攻撃を防ぐために盾板を鉄板にせよ」と命じました。信長は船の構造など技術面についてはは素人でしたが、それを補う経験とインスピレーションを持っていました。

ただし、実際の建造はスペシャリストに一任しました。ドラッカーも「イノベーションを行うには知識が必要」と技術的な部分は、専門家に任せることの重要性を説いています。嘉隆は信長、秀吉に仕えた水軍のリーダーで、単に戦場で指揮を執っただけでなく、船の建造にも力を発揮。信長水軍の司令官兼建造部長を務めました。

「イノベーションは集中でなければならない。イノベーションを行うには知識が必要である。創造性を必要とすることも多い。事実、イノベーションを行う人たちのなかには卓越した能力をもつ人がいる。だが、彼らが同時に異なる分野でイノベーションを行うことはほとんどない。あの恐るべき才能をもっていたエジソンでさえ電気の分野でしか働かなかった」

『イノベーションと企業家精神』

失敗を成功に変えた！　イノベーション

信長は生涯チャレンジャーだった！
失敗を次に生かして戦略や戦法を変化させ、勝利をつかんでいった

失敗　三方ヶ原の戦い

徳川·織田軍

負

何のプランもなく
臨んだ

武田軍

勝

- 心理作戦
- 自軍にとって地形の有利な場所を戦場に選ぶ
- 攻撃的な魚鱗の陣を敷いた

この失敗を成功に変えるためのイノベーションを考え抜く

↓

成功　長篠の戦い

織田·徳川軍

勝

- 空堀
- 数千挺を超える鉄砲隊
- 二重三重の馬防柵

武田軍

負

鶴翼の陣

信長は武田軍の得意とするスピードを殺すことに全力をあげ、上記のバリューチェーンを構築し、圧勝した！

嘉隆は信長の期待に応えて、周りを鉄の板で覆った50メートルの巨大な船を6隻《せき》建造しました。天正6年（1568年）1月に行われた第2次木津川口の戦いでは、鉄の巨大船の周りに200艘《そう》の船を配置、毛利水軍の船を巧みに巨大船の近くまで誘いました。

そこに1艘に3門積まれた大砲が炸裂しました。毛利水軍得意の火攻めも鉄の船相手では効果がありません。乗り込もうにも、足がかりもなかった。毛利水軍の船は次々と海のもくずとなって消えていきました。信長が構想した通り、鉄の船を中心にした新戦法が毛利水軍をたたきのめしたのです。

経済と交通のイノベーション

信長のイノベーションはハード面だけではなく、ハードを支える組織運営や社会、経済にまでおよんでいます。ドラッカーのいう**社会的イノベーションの実践者**でした。

特に、軍事システムを支える経済システムに注目しました。畿内を平定した際は鉄砲と火薬の供給元である貿易港の堺、東国と畿内を結ぶ交通のかなめといえる大津、草津、長浜などの琵琶湖沿岸部、但馬の生野銀山《いくのぎんざん》などを押さえました。

永禄12年（1569年）には**撰銭令**《えりぜにれい》を公布、良銭・悪銭の交換レートも提示し、貨幣経済の確立に力を入れました。さらに楽市楽座《らくいちらくざ》は信長の経済政策の急所といえます。特権

memo

撰銭令　室町幕府や戦国大名が撰銭を禁止したり、悪銭と良銭の混入比率を決めたり、一定の悪銭の流通を禁止することを条件に貨幣の流通を強制した命令。

を持つ座を解散させ、独占販売を禁止するなど、自由で公正な経済システムをつくりあげました。

楽市楽座のきっかけとなったのも兵農分離でした。兵士に給与を払うとなると、現金が必要です。信長の収入の大半は年貢で得たコメですので（津島の河港、熱田の港などに設けた関所の収入などもありましたが）、コメを銭に替えなければなりません。

そのためにはコメや麦などを高く売りたい。武器や燃料などは安く買いたい。ところが、商売は座の商人が支配しており、自由に売買できません。しかも、あちこちに寺社や豪族の関所があり、高い関税を取るものですから、流通コストがかかります。

「関所は本来ならオレが受け取るべき銭を横取りし、オレが支払った銭を奪い取っている。とんでもない」というわけです。座の商人や寺社、豪族たちが自由な流通を阻害していました。信長の**イノベーションの出発点は自分が不満に思っていることの改善**でした。信長は**自分のニーズを満たすために、さまざまなイノベーションを進めた**のです。

信長は座の商人たちの支配と寺社・豪族の関所を廃止しました。「尾張では織田家以外の人間が関所を設けてはいけない」「商いをしたいものは自由に始めてよい。許可の必要はない」としたのですから、反発は大きかった。それでも、信長は強引に進めました。

関所がなくなれば、収入が激減する寺社や豪族の怒りは信長に向けられました。暗殺計画なども発覚しましたが、信長は平然としていました。もっとも、信長は現実的なので、熱田神宮など有力な寺社の関所は残し、後に全国に楽市楽座を布告したときも、京都の町衆の反感を買わないように、京七口の関所は廃止しませんでした。

安全に往来できる〝高速道路〟を敷設

楽市楽座によって経済が活性化し、物品の流通量も激増、人の往来も活発化しました。フロイスの『日本史』には「あらゆる賦課、道中の途中支払わねばならなかった関税、通行税を廃止し、大いなる寛大さをもってすべてに自由を与え、この好意と民衆の賛意のため、一般の人々はますます彼に心を惹かれ、彼を主君に持つことを喜んだ」とあります。

「イノベーションの成果は普通の人間が利用できるものでなければならない。多少とも大きな事業にしたいのであれば、さほど頭のよくない人たちが使ってくれなければ話にならない。つまるところ、大勢いるのは普通の人たちである。組み立て方や使い方のいずれについても、凝りすぎたイノベーションはほとんど確実に失敗する」

『イノベーションと企業家精神』

信長は近江の安土城へ移った際、道路に目を向けました。自分が安土と京都を往還する際、きわめて不便に感じていたので、安土―京都間の道路をつくらせました。道幅は8〜10メートル、平坦で真っ直ぐにし、夏には木陰ができるように道の両側には松と柳を植えました。木の下には、きれいな砂と小石を配し、「道路全体を庭園のように見せた」と伝えられています。

一定の間隔をおいて休息できる茶屋があり、旅人は、そこで食事・休憩をして元気を回復することができました。一人旅の場合でも安全を確保できるように、警備を厳重にしたので、夏になると人々は暑さを避けて、こぞって夜間に旅をしました。

河川の急流をわたらなければいけないところには橋をかけ、比叡山の難所は切り開き、岩石でデコボコしていた道を平坦にしました。その結果、牛車や女性の乗ったカゴが往来するのも、スムーズになりました。信長は諸国にも同様の道路をつくるよう命じました。信長は経済のイノベーションに加え、交通のイノベーションも実現させたのです。

信長×ドラッカーの
時空を超えた！

5章のまとめ対談

私の理論の核は「顧客の創造」。そのためにはイノベーションとマーケティングが欠かせません。イノベーションとは「技術革新」と訳されてますが、技術やモノにとどまらず、ソフトや販売、組織、社会、経済、政治などのイノベーションも考えられます。

イノベーションには積極的に取り組んだ。兵農分離を実現したことで、動員のイノベーションも達成。あちこちに住んでいる農民兵を召集するにはかなりの時間がかかっていたが、常備兵は城内に住んでいるので召集に時間がかからない。出陣を決めたら、即座に出発が可能だ。

19世紀初め、収穫機械を発明したマコーミックは農民に購買力がないことに気づき、割賦販売という画期的な販売方法を考えついたのです。未来の稼ぎをあてにして販売方法のイノベーションを達成、その機械は爆発的な売れ行きを示しました。

ほほう。私のイノベーションは石山本願寺攻めを行ったとき。海上からの補給ルートを断つため、木津川口で毛利水軍と戦ったときは1回目は惨敗だった。そのときの失敗を教訓にして、鉄の板で囲った巨大な船をつくり、次の戦いでは大勝利。鉄の船を使ったイノベーションが成功につながったのだ。

あなたのすごいところは武器や戦法のイノベーションだけでなく、経済や交通のイノベーションにも取り組んだ点です。誰でも商売を始められる「楽市楽座」を採用するなど、経済活性化にも大きな成果をもたらしましたね。

ハハハ。ありがとう。そのあたりまでは私の野望も順調に進んでいたのだが…。

第6章

信長×ドラッカー③
マネジメント

清洲同盟——存続かけた非情、恫喝、裏切りのマネジメント

6章の視点

ドラッカーが「マネジメント」を身近なものに変えた！

ドラッカーは「マネジメントの発明者」といわれることがありますが、マネジメントという概念をつくり出したわけではありません。ただ、いろいろな著作でマネジメントにふれ、マネジメントを理論化・体系化し、ＰＲし、普及・定着させた功労者ですから、いまやマネジメントといえば条件反射のようにドラッカーの名前が出るようになりました。

ドラッカーは、かつては専門家しか知り得なかったようなマネジメントの「奥義《おうぎ》」を、マネジメントに携わる人、すなわちマネージャーが手に取って使えるような「身近なもの」に変えました。ただ、すっかりおなじみになったマネジメントですが、ひと言で説明するのは難しい。ドラッカーもマネジメントの明確な定義は述べていません。

特にややこしいのは、職能と同時に職能を担う人々をも意味していることで、トップマネジメントとは最高経営責任者と経営陣を指します。職能としては企業活動の全般にかかわるものですから、マネジメントは企業の構成要素と業務プロセスのすべてを対象にしたものです。

ドラッカーは『現代の経営』で、マネジメントを次の3つに分けました。

①事業のマネジメント
②経営管理者のマネジメント
③人と仕事のマネジメント

ここでいう経営管理者とは上級管理職のことで、その主役は事業部長です。事業と仕事、経営管理者と人を一緒にして「事業と仕事のマネジメント」「経営管理者と人のマネジメント」の2つにしてもよさそうなものですが、そうはいきません。ドラッカー（に限らず、欧米の経営学者）は往々にして、ものごとを弁証法（「1つの定義」に「反対意見」が出て、そこから「1つの結論」が生まれる、つまり、議論からより高次の結論を出す方法論のこと）的に考えますので、3つに分類する必要があるのです。

ドラッカーの考えを要約して再構成すると、マネジメントとは「**企業の使命、存在意義を果たすために目標を設定し、経営管理者と人を最適化することで事業と仕事の最適化を果たし、目標達成を図る活動**」となります。最適化とは構成要素（部分）をフルに生かし、全体をベストな状態にもっていくことです。いずれにせよ、ドラッカーのマネジメント学を解くカギは「人間」にあります。

非情のマネジメント

投入より産出が多ければ、その事業は成功

目に見えない費用、それは知識と経験

企業にしろ、プロジェクトにしろ、成功したかどうかは投入した経営資源（人的資源を含みます）より、産出した経営資源のほうが多いか少ないかで決まります。

端的にいえば、もうかったかどうかですが、必ずしも金銭的な利益には還元できません。

ドラッカーも次のように述べています。

「生産性に関しては（中略）産出に結びつくすべての要素を考慮に入れ、それらを成果との関係で表すことができる概念が必要とされている。そのような概念が見つかれば、長足の進歩ではあるが、そこまでの投入が、わかりやすい直接費で測れるものだけに限定されているなら、つまり、会計で用いる投入の定義や数字に沿っているなら、概念として十分な妥当性を持つとはいえない。生産性を―決定づけるほどではなくても―大きく左右する要素のなかには、目に見えず、決して費用として計上されな

投入と産出の成否

企業・プロジェクトの成功と失敗は投入と産出の比較で決まる

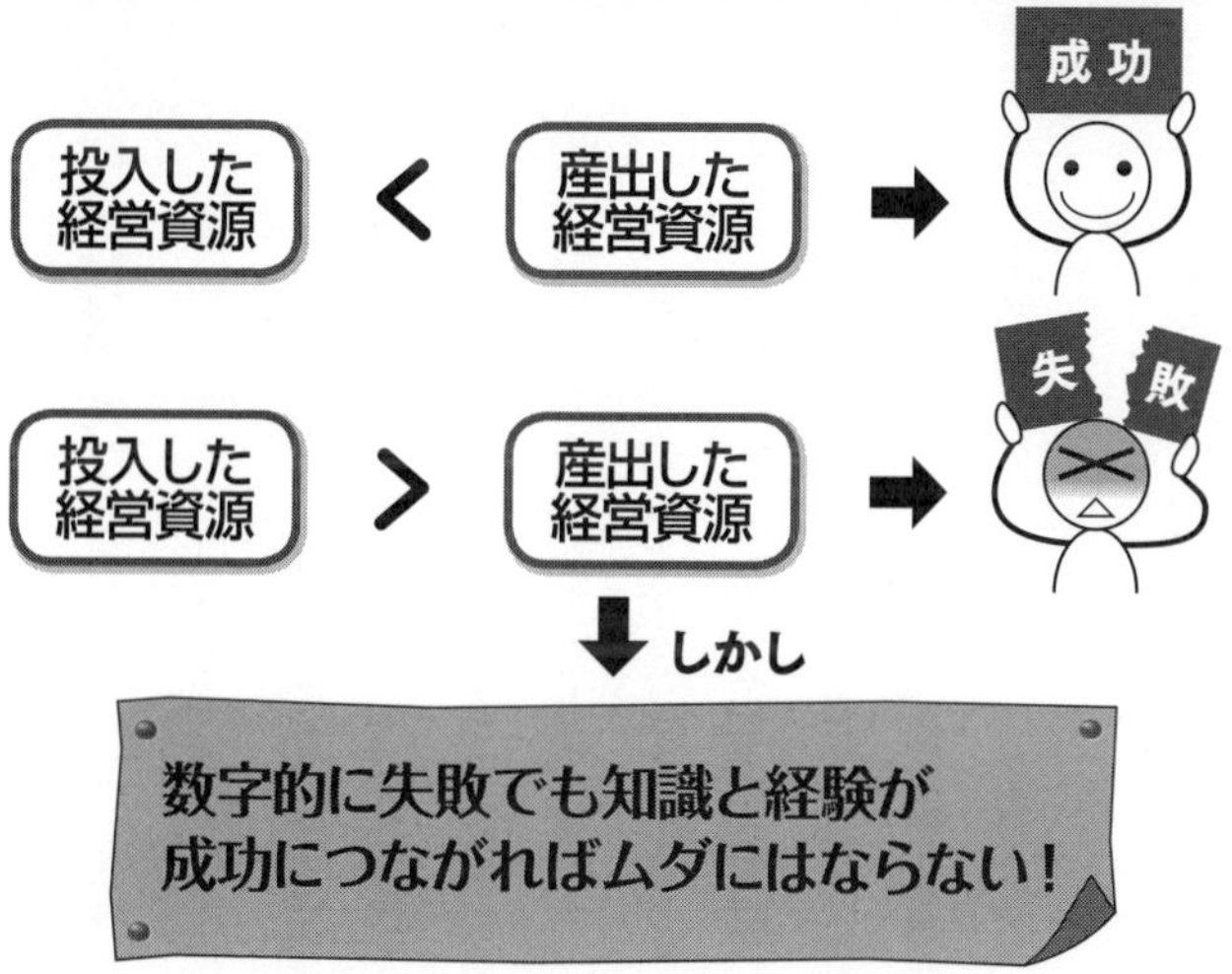

いものもあるのだ」

『マネジメント　務め・責任・実践』

少々まわりくどい表現ですが、**「数字に換算できるものだけでは生産性や仕事の成果を云々できないよ」**といっているわけです。生産性とは、まさしく投入（インプット＝入ってくるもの）と産出（アウトプット＝出てきたもの）の関係を表した言葉で、**投入＜産出**であれば**「生産性が高い」**、**投入＞産出**であれば**「生産性が低い」**といいます。

「目に見えず、決して費用として計上されないもの」とは、たとえば**知識と経験**です。仮にプロジェクトが数字的には失敗したとしても、参加したメンバー、特にリーダーは得がたい経験を積んでいます。その経験や知識を次のプロジェクトや仕事に生かし、成功させることができたとしたら、過去のプロジェクトはムダではありません。

数字に還元できない成果を手に入れた

桶狭間の戦いを見ると、戦いが終わった後、信長は尾張内の今川方の拠点だった鳴海城と大高城を確保、尾張の今川領を、すべて手に入れました。石高《こくだか》にして15万石ほど増大したことになります。知多郡の在地領主のなかには信長と今川方にはさまれ、態度を鮮明にしていない者もいましたが、このとき、皆が信長に帰順しました。これらの領主からの上納金も少なからぬ額となりました。

もっとも、人的な損害は大きかった。義元軍を分散させるために、鷲津砦、丸根砦を守る兵士を見捨て、そのリーダーで、長らく信長を支えてきた佐久間盛重、飯尾定宗《いのおさだむね》、佐々政次《まさつぐ》らの重鎮も失いました。救援に赴くわけにはいきませんでした。なぜなら、貴重な兵力を、最も重要なところ、つまり義元の本陣へ集中投入するためには鷲津砦、丸根砦の将兵には犠牲になってもらうしかなかったからです。

「あまりに規模が小さなために、あるいは分散しているためにコストを発生している
だけの製品に対しては、できるかぎり力をいれないようにしなければならない。業績

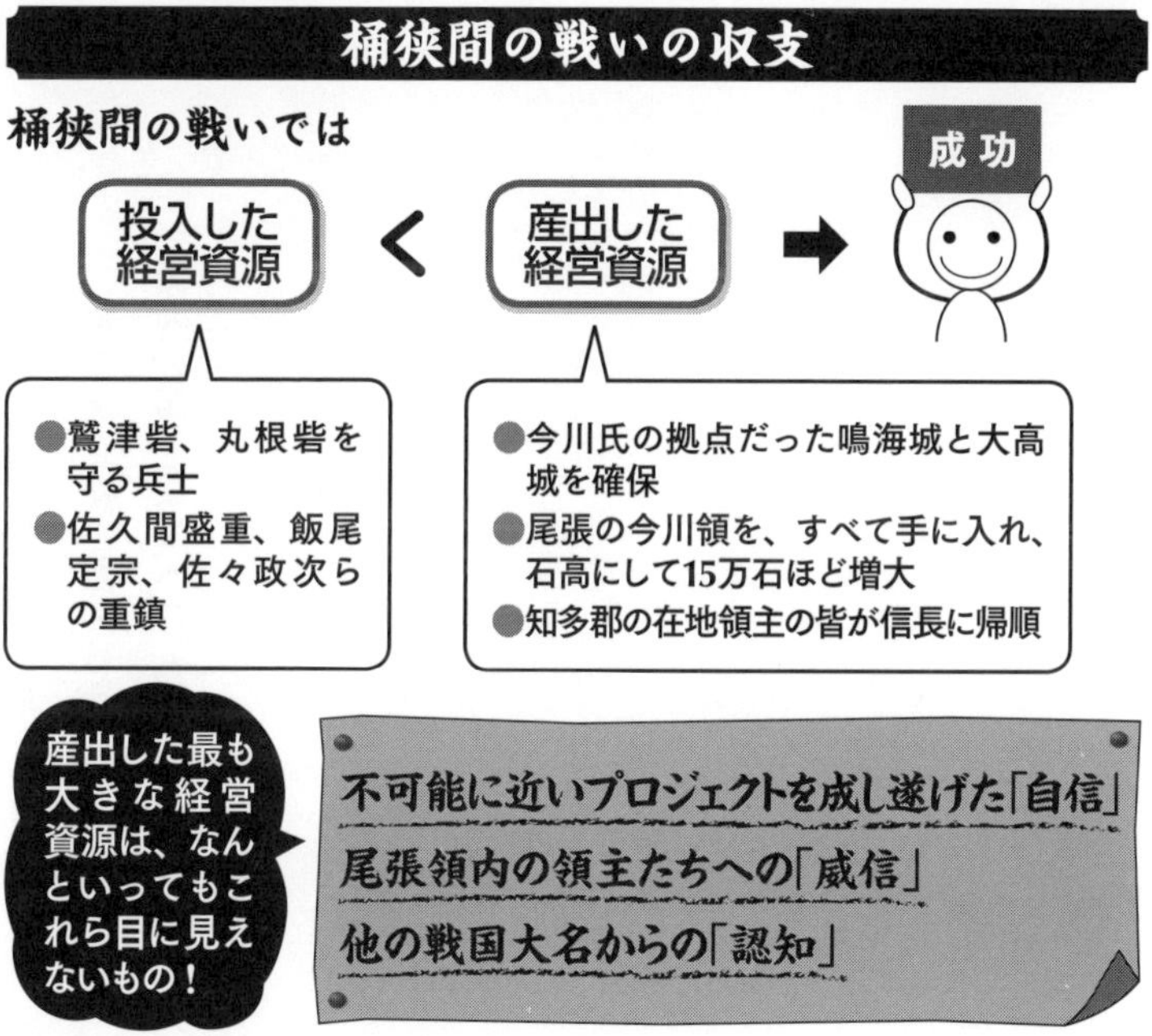
桶狭間の戦いの収支
桶狭間の戦いでは
投入した経営資源
＜
産出した経営資源
成功
●鷲津砦、丸根砦を守る兵士
●佐久間盛重、飯尾定宗、佐々政次らの重鎮
●今川氏の拠点だった鳴海城と大高城を確保
●尾張の今川領を、すべて手に入れ、石高にして15万石ほど増大
●知多郡の在地領主の皆が信長に帰順
産出した最も大きな経営資源は、なんといってもこれら目に見えないもの！
不可能に近いプロジェクトを成し遂げた「自信」
尾張領内の領主たちへの「威信」
他の戦国大名からの「認知」

をあげるためには、コストの改善が業績に大きな影響を与える数少ない分野、すなわち、わずかな能率の向上が業績を改善する分野に仕事と労力を集中しなければならない」

『創造する経営者』

信長は「規模が小さなために、あるいは分散しているために（人的資源の損失という）コストが発生している」鷲津砦、丸根砦に力を入れず、「わずかな能率の向上が業績を改善する分野」、すなわち桶狭間に仕事と労力を集中しました。ドラッカーの言葉の忠実な実践者だったといえます。

桶狭間の戦いに関していえば、明らかに「投入した経営資源＜産出した経営資源」でした。城や領地、石高など数字に還元できるものは、大したことはありません。

最も大きかったのは難易度の高いプロジェクトを成し遂げたことによる「自信」と尾張領内の領主たちへの「威信」、他の戦国大名からの「認知」を得たことでした。

同盟と恫喝のマネジメント

信長を脅し、危機を乗り切った家康

強国にはさまれた家康の領土経営

強国と強国の間に、はさまれた弱小国は、よほどうまく舵取りをしないと、たちまち滅ぼされます。特に強国同士が対立している場合、生き残る手段としては、どちらかの傘下に入るか、どちらかと同盟するか、独立を保ち、双方の間を上手に泳ぎ切るしかありません。

桶狭間の戦いの後の徳川家康が弱小国の立場でした。家康の三河は信長の尾張と東の強国、相模、甲斐、越前の間に位置し、巧妙な舵取りが要求されました。家康は強国を向こうにまわし、綱渡りのような経営を続け、三河を維持・存続させたどころか、領土を拡張していきます。

桶狭間の戦いの後、家康は三河の岡崎城へ入ったものの、依然として今川家の属将でした。ところが、義元の跡を継いだ今川氏真があまりにも愚鈍で覇気もなかったことから、今川と離れ、信長と同盟を結ぶことにしたのです。

memo

清洲同盟　桶狭間の戦いの2年後の1562年、今川氏に仕えていた家康と信長が結んだ軍事同盟。信長は家康に対今川、武田の盾となってもらうことで、美濃攻略などの西方に勢力を広げていくことができた。

永禄5年（1562年）、信長の居城である清洲城へ赴き、清洲同盟を結びます。これ以降、信長は東のことは家康に任せて、自分は中央の攻略に全力を尽くすようになりました。コストをかけずに防衛ラインを構築できるのですから、信長にとっては大きなメリットがありました。

実際、しばしば武田軍が三河、遠江に侵入、そのつど家康は出動し、追い払いましたが、それは自然に信長の背後を守ることになりました。

利用された形の家康としても西からの攻撃を考えなくてもすむのは大きかった。地盤を固めるために東へ目を向けました。このとき、東の有力大名に数えられるのは駿河、遠江の今川、相模の北条、甲斐の武田、越後の上杉でした。

このうち、相模の北条はローカル大名として領土経営に頭がいっぱい。上洛には関心がありません。越後の上杉も京都へのぼるより、むしろ関東制覇のほうに執着していました。上洛指向が強かったのは武田で、天下統一に情熱を燃やしていました。家康としては当面、武田の脅威に備えればいいだけです。

もっとも、家康としては地盤づくりを進めねばなりません。そこで、勢力の衰え、リーダーシップも欠如していた今川領に注目、潜在的な敵である武田と提携し、駿河を武田が、遠江を家康が分捕《ぶんど》ることにしました。遠江侵攻作戦は成功し、家康はちゃっかり領土化し

戦国大名関係図

上杉家
関東制覇に執着
越後
信濃
領土経営に頭が
いっぱい
武田家
北条家
同盟結ぶも
後に決裂
攻撃
甲斐
相模
織田家
美濃
駿河
今川家
徳川家
尾張
同盟
攻撃
遠江
三河

ましたが、武田の駿河侵攻に協力しなかったことから、武田との提携は、有名無実となりました。

家康にとって最大の危機が訪れた

元亀3年（1572年）、家康にとって最大の危機が訪れます。足利義昭の上洛要請に、いよいよ信玄が出陣、西を目指して出発したのです。どんな目的があったにせよ、三河を通ることは間違いありません。信長に支援を要請したものの、わずか3000の兵を送ってきただけで、いっこうに増援はありません。

このとき、信長には選択肢が2つありました。A案は増援も出さずに、ほうっておくこと、B案は本格的な救援軍を派遣し、信玄と決戦を行うことです。前者の場合、信玄軍と家康軍が戦えば兵力的にも優勢な信玄軍が勝ちますが、戦いで消耗することは間違いありません。そこを信長軍が総攻撃すれば、勝つ確率は高くなります。

実際の信長の選択もわずか3000の兵を送っただけで、A案に近いものでした。

この三方ヶ原の戦いでは信長軍は、ほとんど役に立たなかった。大敗したことで、家康は、改めて信玄の怖さを思い知ることになりました。幸い、まもなく信玄が死んだことで、このときの危機を乗り越えました。

その3年後の天正3年（1575年）4月、武田勝頼が1万5000の兵を率いて西上作戦を開始、長篠城を囲みました。勝頼来襲の報を聞いた家康は、すぐさま援軍を出そうとしますが、3年前のことを思うと自軍だけでは勝てそうもありません。信長の出馬を求めることにしました。

信長のもとへ使者を派遣しましたが、一説では、信長は動こうとしなかった。というより、京都、近江、岐阜などの情勢が緊迫し、大量の将兵を1カ所に集めることは難しい状況でした。

とはいえ、信長の出陣がどうしても必要です。家康からの3人目の使者は信長に対し、「援軍を派遣してもらえないのであれば、武田軍に協力して、一緒に信長軍を攻めます」と半ば恫喝し、ようやく信長の口から「イエス」という言葉を得ました。

強国にはさまれた弱小国としては生き残るために、何でもせざるを得ない。信長がノーといったら、本当に武田軍に味方した可能性があります。

人と築城のマネジメント

秀吉の才能を見出し、一級の経営管理者に育て上げた！

人材育成に抜群の手腕を発揮

ドラッカーは人と仕事のマネジメントに関して、トップマネジメント（マネージャー）の仕事を5つに要約しました。第1に目標を設定し、目標を達成するために何をしなければいけないかを見極め、それらを部下に伝え、部下が目標を達成できるようサポートします。第2に組織をつくり、仕事を、さまざまな活動に細分化し、そのひとつひとつを部下の能力と照らし合わせて、割り振ります。

第3に部下の報酬、配置、昇進などを考え、上司や同僚、部下とコミュニケーションを図ります。第4に人事評価の尺度を設けた上で、全員の仕事の成果を分析して評価し、その結果を上司や同僚、部下などに報告します。第5に人材の育成、自身の能力開発にとりくみます。

焦点は第5の人材育成にあります。急拡大している企業ではリーダーが何人いても足りません。織田株式会社も成長のスピードが速く、慢性的なリーダー不足に悩まされていま

信長の秀吉育成プログラム

STEP1 **自ら手をあげ、倒れた塀を修理**

→ スペシャリスト（専門家）としての登用。職人を指揮することで、リーダーとしての能力も試された

STEP2 **渡河訓練で一軍のリーダーとして起用**

→ プロジェクトの指揮を任せることで、リーダーとしての能力を伸ばそうとした

STEP3 **墨俣城築城プロジェクトの責任者に任命**

→ 単に建設するだけではなく、スピードが求められた。プレハブ工法を駆使し、数日でつくりあげた

信長は資材の調達など全面的にバックアップ。丸投げはしなかった。秀吉は鮮やかに成功させたことで、マネージャーとしての能力を認められた

した。信長は**人材育成にも抜群の手腕**を発揮しています。信長の死後に真の実力が露呈したとはいえ、羽柴秀吉、明智光秀、滝川一益、佐々成政、前田利家らを有力大名と単独で戦えるだけの闘将に育てあげました。

秀吉を例にとって、信長の人材育成の仕方を見ていきましょう。信長はひとりひとりに応じた育成の仕方を考えていました。秀吉の場合、当初、建築のスペシャリスト（専門家）として育成しつつ、プロジェクトリーダーを務めさせることで、一級のマネージャーへと育てあげました。

秀吉が登用されるきっかけは自発的に手をあげたことです。信長が清洲城を居城としていたとき、大風が吹き、城の塀が100間（約182メートル）ほどの長さにわたって倒れました。誰も修理しようとしません。秀吉は倒れた塀が20日間も、

memo

稲葉山城　美濃国の斎藤氏の居城。濃尾平野中枢の地にそびえる稲葉山山頂の城。長良川が天然の外堀のように流れているため、難攻不落の地形。信長は斎藤家3代目の龍興のときに侵攻、勝利し、1567年にこの城を手に入れた。本拠を尾張の小牧城から稲葉山城に移しこの地を岐阜と改称した。

放置されているのを見て、じっとしていられなくなりました。修理を申し出て普請《ふしん》を任されます。手際よく修理を終えたのが、信長の目にとまりました。

秀吉育成プロジェクトが始まりました。永禄6年（1563年）、川猟の名目で信長軍の渡河《とか》訓練が行われました。信長は美濃への本格的攻撃を前に、木曾川を越えて侵攻することを考え、そのシミュレーションを行ったのです。このとき、初めて秀吉を一軍のリーダーに起用しました。兵学の知識はないはずなのに、鮮やかに兵法に則った指揮を執り、信長を驚かせました。

プレハブ工法を採用、わずか数日で城を完成させた！

続いて永禄9年（1566年）の墨俣城建設で秀吉の才能は開花します。信長軍は何度も美濃に侵攻しましたが、なかなか橋頭堡《きょうとうほ》を築けません。信長軍の前に斎藤方の稲葉山城が立ちふさがっていました。

そこで秀吉に、木曾川の中州・墨俣に稲葉山城攻撃のベースとなる城を築くよう命じました。秀吉の能力を見込んで、プロジェクトリーダーに任命したのです。

信長軍は稲葉山城を攻めるたびに木曾川をわたっていました。渡河に時間とエネルギーを費やし、攻撃に集中できません。中州に拠点を置けば、時間短縮を図れますし、兵士の活力をそがなくてすみます。

ただし、墨俣は稲葉山城からも丸見えの位置。城をつくっているところを見られたら、攻撃されることは間違いありません。工事をスピーディーに進める必要がありました。

信長は仕事の丸投げはしません。秀吉をバックアップするために、同年9月、伊勢に出撃し、作事《さくじ》奉行に命じて城を構成する10の建造物、10本の櫓、2000の塀の資材として5万本の木を集めさせました。現地ですぐに組み立てられるよう、あらかじめ加工し、いかだに組んで、木曽川の上流から流しました。5日後には下流の墨俣に到着。秀吉に率いられた建設部隊は、ただちに築城を開始しました。

あらかじめ加工してあるので、あとは組み立てるだけ。プレハブ建設の要領です。これを見た稲葉山城の斎藤軍が突撃してきましたが、防衛部隊が死守。攻撃をぬって、わずか数日で城（というより砦のようなもの）を完成させました。「墨俣の一夜城」として世に知られるエピソードです。

秀吉は墨俣城を守るために近在から豪族や小領主を募り、守備につかせました。尾張国内で信長が勢力を伸ばしたことで、在地領主に属していた豪族たちが流動化していたのです。秀吉は、それらの豪族を吸収し、自前の部隊をつくりあげました。

威嚇と反逆のマネジメント

脅しのマネジメントが疑心暗鬼を生み、次々に反逆者を出した

実力主義の徹底が裏切り者を生み出した

秀吉育成の仕方はゼネラリストとスペシャリストの問題にも、1つの示唆を与えています。

ゼネラリストとは特定の分野にしばられることなく、全体に目を向けられる人のことで、マネージャークラスはゼネラリストでなければならないとされてきました。ドラッカーはリーダーの育て方として3つの考え方があるとしています。

第1に、**最初から、1つの分野に限定されたスペシャリストとして育ててはならない**とするものです。製造部門、営業部門、管理部門を順番に経験させ、全体を把握できるよう体系的な教育を施します。

第2に、**将来、リーダーとして登用したい若手社員をスタッフ部門（広報や人事、経営計画など）に配属させ、企業・事業全体に目配りできる人間に育てよう**とするものです。スタッフ部門を教育・訓練機関として位置づけています。

第3に、**入社早々はスペシャリストとして育て、経験を積んだ後にゼネラリストとしての訓練を始めよう**というものです。

信長は秀吉を育てるにあたって第3の考え方をとりました。最初は建築のスペシャリストとして起用、プロジェクトリーダーとして鍛えることで、ゼネラリストとしての基礎をつくりました。

一方、人材育成に長《た》けていた信長は実力主義、抜擢主義でもあります。秀吉、光秀、一益ら優秀なマネージャーを抜擢し、重職につける一方、草創期からの功労者も業績があがらないと容赦なく切り捨てました。

実力主義は殺伐とした雰囲気を招きます。ドラッカーのいう「脅しのマネジメント」「威嚇のマネジメント」が部下の心を離反させていきます。

「威嚇によるマネジメントは、効果をあげないばかりか、誤った方向づけにつながる。職務の一面だけに重点を置き、その他すべてを犠牲にしてしまうのだ。(中略) 脅しによるマネジメントが行われると、人々は求められている仕事をこなそうとして、本来業務をないがしろにするか、水面下で結託して上からの求めを無視し、本来業務をこなすか、どちらかである」

『マネジメント 務め、責任、実践』

信長の威嚇によるマネジメントは臣下の間に疑心暗鬼を生み、次々に反逆者、裏切り者を出していきます。

もともと信長は短気な性格で、腹が立つと容赦のない制裁を加える「恐怖のリーダー」だった上、晩年は若い頃持っていた「人を引きつける魅力」を失っていました。

イギリスの歴史学者、アーノルド・J・トインビーは、文明・国家が滅亡する要因の1つとして「指導者の創造能力の喪失」を指摘しました。

颯爽《さっそう》と人々をリードした指導者も独裁的な権力を長く保ち続けていると、やがて精彩・輝きを失っていきます。

民衆を部下と置き換えても同様で、魅力を失った指導者は「威嚇と恐怖による支配」を強化しますが、部下の心は、元に戻りません。むしろ、威嚇と恐怖に対して強い反発心を抱きます。

その1人が松永久秀です。はじめ阿波の三好長慶《ながよし》に仕え、長慶が細川晴元、足利義輝らを追放した際、長慶とともに上洛します。後に将軍・義輝を暗殺し、京都を実効支配しました。東大寺大仏殿を焼き払うなど、信長と同様、古い権威や権力を、何ほどのものとも思っていませんでした。

信長が上洛した際、臣下となった久秀は茶器の名物として知られた「付藻茄子《つくもなす》茶入」を献上し、信長の歓心を買うことに成功し、大和一国の領有を認められました。信長と話が合いそうな人物ではありました。

茶釜をたたき壊し、天守閣で爆死

久秀は築城術のスペシャリストとしても有名で、信長の安土城は久秀が築いた多聞《たもん》城をモデルにしたともいわれています。天正5年（1577年）、東の上杉、西の毛利が京都を目指しているとの情報が流れると、久秀とその嫡男・久通は石山本願寺攻めから勝手に離脱し、大和の信貴山《しぎさん》城に、立てこもりました。反逆の理由は不明ですが、もともとの反発心に加え、足利義昭から離反を勧められたとの説もあります。信長は信忠を総大将に据えた大軍を派遣、信貴山城を囲ませます。

信長は久秀の異能を好んでおり、使者を介して「平蜘蛛《ひらぐも》茶釜を差し出せば、命は助ける」と説得しましたが、久秀は「絶対にわたさん」と茶釜をたたき壊した上で、天守閣で爆死しました。

三好氏に仕えていた荒木村重は、信長に許され織田家の家臣となりました。信長が足利義昭を攻めた際、戦功をあげ、伊丹城（名前を有岡城と改めた）の主となり、摂津一国を拝領しました。

天正6年（1578年）、信長の宿敵・石山本願寺へ兵糧を運び入れた容疑がかかり、「村重が謀叛を企てている」とのうわさが広まりました。

信長は、さっそく光秀らを使者として派遣し、問いつめましたが、村重は強く否定しました。本願寺側が流したニセ情報の可能性もあり、実際、この時点では反旗を翻す気はありませんでした。

ところが、信長への釈明のために安土へ向かう途中、側近の高山右近の居城に立ち寄ったことで、心変わりを起こします。右近から「信長公は一度疑いを持ったら、決して許しませんよ。松永久秀らがいい例です」といわれると納得し、結局、信長とたもとを分かつことになりました。

信長は何度か使者を送って翻意を促しましたが、村重は信長を信用できません。信長軍は有岡城を囲みましたが、戦上手の村重が相手とあって、有効な攻めができず、膠着状態が続きました。

ところが、両腕とも頼む中川清秀、高山右近が信長に説得されて投降すると、村重は有岡城を支え切れなくなり、尼崎城を経て花隈城へ脱出。有岡城に残された女房衆122人は、尼崎近くの七松《ななまつ》で斬殺されました。そのときの様子が『信長公記』にこう記されています。「百二十二人の女房一度に悲しみ叫ぶ声、天にも響くばかりで、見る人目もくれ心も消えて、感涙抑え難し」

花隈城も落城すると、中国の毛利を頼り、尾道に逃げました。ただし、武将としての再起はかなわず、剃髪《ていはつ》し、晩年は茶人として生きました。堺に住み、千利休に師事したとも伝えられます。

信長×ドラッカーの時空を超えた！

6章のまとめ対談

ドラッカー理論の真髄はマネジメント論です。

桶狭間の戦いの際、私は鷲津砦、丸根砦に力を入れなかった。「わずかな能率の向上が業績を改善する分野」すなわち、「桶狭間」に仕事と労力を集中したかったからだ。

すばらしい！ トップマネジメントやマネージャーは力を入れる事業・プロジェクトと、それほど力を入れないもの、手を引くもの、廃止するものを分けて考えなければならない。経営資源は限られていて、すべてを平等に扱うわけにはいかないのです。

マネジメントの対象として最も重要なのは人。特に織田株式会社は急速に事業を拡大していったことから、慢性的な人材不足に陥っていた。優秀なマネージャーは、喉から手が出るほど欲しかった。だから人材育成には力を入れたのだ。

秀吉さんはあなたが最も力を入れて育てた人ですね。

その通り！ 秀吉に注目したのは、倒れた塀を自分で手をあげて修理したときだ。渡河訓練のリーダー、築城プロジェクト責任者といろいろと経験させたが、どんどん力をつけて、結局は私の野望を引き継ぐ後継者となった。

第7章

信長×コトラー①
マーケティング3.0

名物狩り——茶器さえ文化マーケティングの手段にした、信長の「茶の湯革命」

企業も消費者・ユーザーも大きく変化！コトラーのマーケティング3・0

マーケティングとは、ひと言でいえば、商品が売れるような仕組みをつくることです。

フィリップ・コトラーはマーケティングの第一人者として知られ、その理論化・実践化に大きく寄与しました。ポーターやドラッカーに比べると、より実践指向が強く、マーケティング初心者であっても、コトラーの示す通りに行えば、ひと通りのマーケティング業務を行うことができます。著書の『マーケティング・マネジメント』『マーケティング原理』は米国、日本をはじめ世界各国でロングセラーとなり、マーケティング担当者（マーケター）にとって必携のテキストになりました。

そのコトラーが２０１０年に世に問うたのが次世代マーケティングを指し示した『コトラーのマーケティング３・０』です。コトラーは、同書でマーケティングの歴史を１・０、２・０、３・０の３つの時代に区分しました。

フィリップ・コトラー（1931〜） シカゴ大学で修士号、マサチューセッツ工科大学で博士号を取得。現在、マーケティング分野で全米トップのノースウェスタン大学ケロッグ・スクールで教授を務める。現代マーケティングの第一人者。マーケティングの著書多数。『マーケティング・マネジメント』はマーケティングのバイブルと呼ばれる。

1・0は大量生産・大量消費の時代で、**マーケティングの役目は商品を規格化すること**で価格を下げ、できるだけ多くの消費者・ユーザーに買ってもらうことでした。「つくったものを売る」時代といえます。コトラーは画一的なT型フォードを市場に投入した、ヘンリー・フォードの「消費者は好みの色のクルマを買うことができる。好みの色が黒であるかぎりは」を引用し、この時代の象徴としました。

2・0は商品を購入する消費者やユーザー主導の時代です。消費者・ユーザーのニーズや好みはバラバラですから、**企業のマーケティング担当者は市場を細分化し、ターゲットとした市場や顧客にふさわしい商品を開発・提供**しなければなりません。顧客から見ると選択肢は豊富になりましたが、企業が消費者・ユーザーに働きかけるという構図は1・0の時代と変わっていません。

3・0の時代になると、企業も消費者・ユーザーも大きく変化します。**3・0を実行している企業は2・0の企業より大きなミッション（使命）やビジョン（展望）、価値観を持ち、世界に貢献することを目指しており、消費者・ユーザーもグローバル化した世界をよりよい場所にしたいという高い精神性**を持っています。

マーケティング3・0
自己実現の欲求、超越的欲求に応えることも視野に入れた

マズローの欲求段階説

コトラーは1・0、2・0、3・0を比較し、3・0を価値主導のマーケティングと位置づけました。顧客やバリューチェーンの参加者だけでなく、広く社会や地域、世界にも価値を提供・還元することを目指します。マーケティング3・0を可能にした技術はブログやツイッター、SNS（ソーシャル・ネットワーキング・サービス）などのソーシャル・メディアでした。

マーケティング3・0にはミッション、ビジョン、マインド、ハートなど抽象的な言葉が多く、なかなかピンとこないかもしれませんが、**アブラハム・マズロー**の「欲求の段階説」を参考にすると、ぐっとわかりやすくなります。

マズローは人間の欲求を階層に分け、生存への欲求、安全への欲求、社

memo

アブラハム・マズロー（1908〜1970） アメリカの心理学者。ニューヨーク生まれ。主体性、創造性、自己実現といった人間の肯定的側面を強調した「人間性心理学の生みの親」として知られる。人間の欲求を低次から高次の順に分類し、5段階のピラミッド型の階層によって示した欲求段階説が有名。

マズローの欲求の5段階説

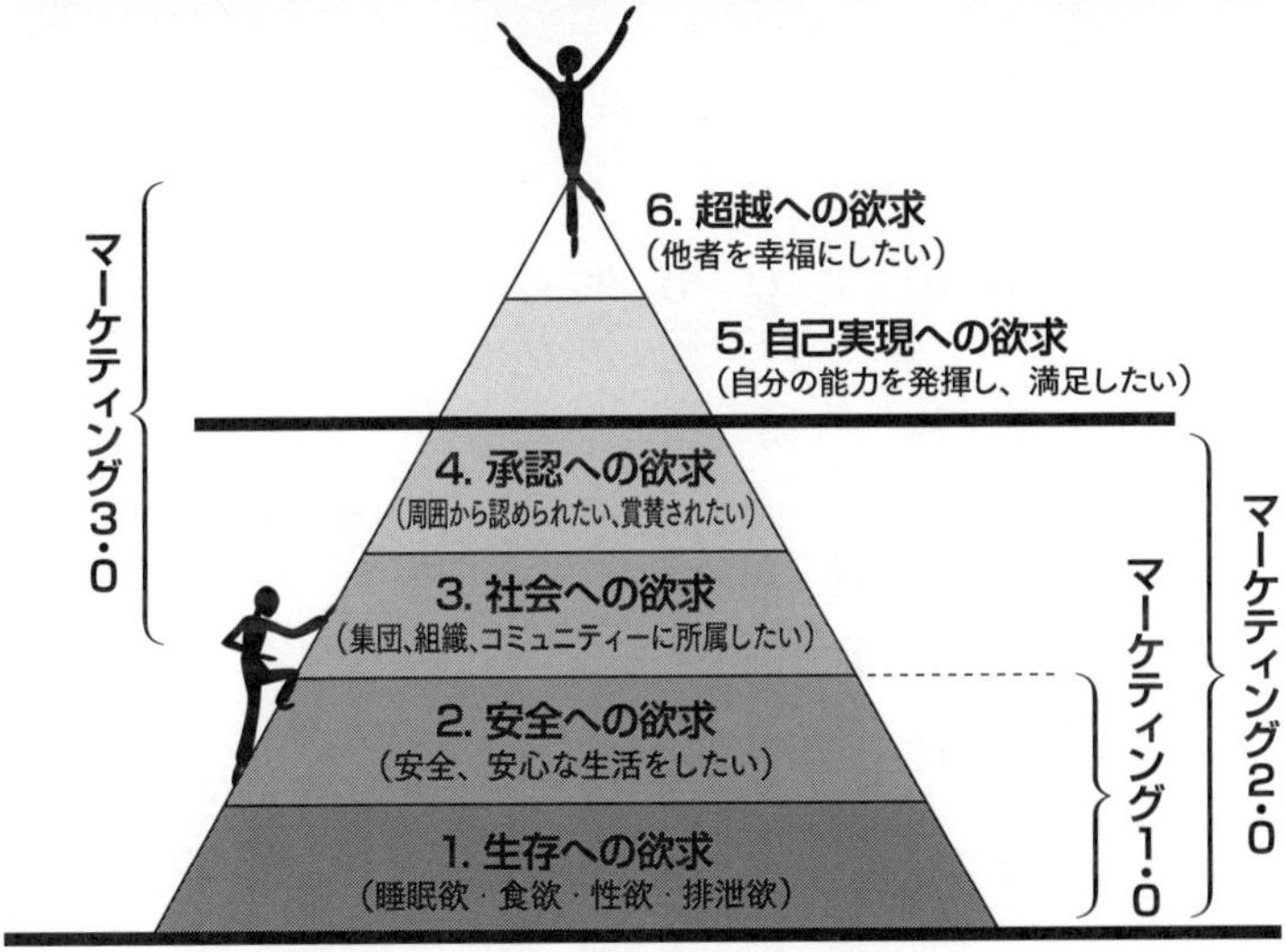

会への欲求、承認への欲求、自己実現への欲求の5段階からなるとしました。生存への欲求とは睡眠・食事・排泄などの基本的な欲求、安全への欲求とは安全・安心な生活への欲求、社会への欲求とは、何らかの集団や組織、コミュニティーに所属し、帰属意識を満足させるとともに、皆から受け入れられたいという欲求、承認への欲求とは、周りから、かけがえのない存在として認められ、賞賛されたいという欲求、自己実現への欲求とは自分の能力や創造性をフルに発揮し、満足したいという欲求のことです。これらを生存への欲求を最底辺、自己実現への欲求を最上辺とするピラミッドで表しました。

さらに、マズローは最晩年には5段階の欲求の上に6番目の段階として、超越への欲求があるとしました。ある種の悟りの境地を目指し、他者を幸福にしたいという欲求で、利他（他を利する）行動に特徴があります。

マーケティング1・0は生存への欲求と安全への欲求のニーズに応えたもの、2・0は、さらに、社会への欲求と承認への欲求にも範囲を広げ、3・0では自己実現への欲求、超越への欲求も射程に入れています。コトラーもマズローの欲求段階説をとりあげ、次のように述べています。

「クリエイティブな人びとは実際に、逆さまにした（引用者注：自己実現の欲求を最底辺に、生存への欲求を最上辺とする）マズローのピラミッドが正しいと強く信じている。『人生の非物質的側面や永続的な現実を暗示するものを重んじること』というスピリチュアリティー（精神性）の定義は、創造的社会においてこそ本当に意味を持つ。科学者やアーティストは、往々にして物質的充足を捨てて自己実現を追求し、お金で買えるものを超越した何かを手に入れようとする。それは、意味や幸福や悟りであったりする。物質的充足はたいてい最後にくるもので、自分が達成した成果に対する見返りである」

『コトラーのマーケティング3・0』

社会貢献目指すインパクト・インベストメント債券

自己実現への欲求や超越への欲求を満足させるような商品やマーケティングがあるかどうかが問題ですが、寺院や神社などの宗教施設や瞑想、ヨーガ、仏典などの書籍、書道、華道、茶道などの稽古ごとなどは超越への欲求に応えた商品かもしれません。

ビジネスでなくても、社会貢献の活動に力を入れ、それをアピールすることで、消費者やユーザーの支持を集める手法などもあります。

マーケティング3・0につながる商品として、たとえば、インパクト・インベストメント債券や、その債券を投資対象とした投資信託などがあげられます。**インパクト・インベストメントとは「投資を通した社会貢献」**を指し、インパクト・インベストメント債券とは使途をソーシャル・ビジネス、特に貧困と環境問題の解決などに限定した債券で、世界銀行やアジア開発銀行などの開発系金融機関が発行しています。

日本で初めて販売されたのは、大和証券グループ本社が取り扱った「ワクチン債」です。開発途上国の子どもたちへのワクチン接種を進める活動を支援するために、「予防接種のための国際金融ファシリティ」が発行したものです。ワクチン債に投資されたお金は予防接種プログラムに活用され、死や重い障害を招く病気を予防するために、2億5600

万人以上の子どもたちがワクチンを接種しました。

大和証券グループ本社は、その後も中国の水力発電事業が発行する排出権に利率が連動し、排出権市場の活性化を図る「ワールドクールボンド」、貧困層向け小規模金融サービスの資金となる「マイクロファイナンス・ボンド」、アジア・太平洋地域におけるアジア開発銀行の水関連事業を支援する「ウォーター・ボンド」、エネルギー効率化による大気汚染の防止や廃水処理の改善による水質汚染の防止プロジェクトを支援する「エコロジー・ボンド」、中南米の貧困対策事業を支援する「中南米子育て支援債」、アフリカの教育訓練プロジェクトを支える「アフリカ教育ボンド」などを販売してきました。

これらの債券は、いずれも高利回りで、預貯金の低金利にあきたらない層にも支持が広がっています。

投資家の自己実現への欲求だけでなく、発展途上国や貧困層の生存への欲求や安全への欲求にも応えた商品といえます。

「文化マーケティング」「スピリチュアル・マーケティング」

信長はツールとして茶の湯、茶器を活用した

文化マーケティングとしての茶の湯

コトラーは**マーケティング3・0とは、協働マーケティング、文化マーケティング、スピリチュアル・マーケティングの3つが融合した**ものだと述べています。

協働マーケティングとはバリューチェーンの外にいる組織や人を巻き込むマーケティングのことで、身近なところではブログやツイッターのクチコミ的な利用や消費者の商品開発への参加などがあげられます。

文化マーケティングとは消費者・ユーザーに文化的な価値を提供したり、商品開発に文化的なアプローチを行ったり、文化財保護などに貢献することで商品をプロモーションしたりするもの、スピリチュアル・マーケティングとは社会貢献や温暖化対策など人間の幸福に貢献する活動を推し進め、消費者・ユーザーの支持を得ようとするマーケティングをいいます。

信長は文化マーケティング、スピリチュアル・マーケティングを大いに活用しました。

そのツールとして使ったのは文化としての茶の湯であり、茶器でした。戦国時代、信長、秀吉を筆頭に、茶の湯好きの大名・武将は多かった。戦国武将たちは茶の湯に、いったい何を求めたのでしょうか――。

第1に、何より戦国武将にとって茶の湯は大きな楽しみでした。秀吉が嫡男・鶴松を亡くし、後を託すことになった養子の秀次に「訓戒状」を与えたことがあります。そのなかに「茶の湯や鷹狩り、女遊びに溺れないように」との一項がありました。茶の湯は鷹狩りや女遊びと並んで、武将が耽溺《たんでき》しがちなものだったわけです。

それほど、茶の湯には魅力がありました。確かに戦いに明け暮れ、死と隣り合わせの日常を送っていた戦国武将にとって、茶会は非日常の世界を味わわせてくれる「至福のひととき」だったといえます。

欲求の段階説でいえば、5番目の自己実現への欲求、さらに、その上の超越への欲求を満足させるものだったのかもしれません。

第2に、茶の湯には人脈づくりに最適なツールとしての側面がありました。茶会には主人も客も地位、役職、貴賤《きせん》、富貴に関係なく、一個の人間として参加します。「オレのほうが偉い」とか、「あいつは、卑しい身分」といった俗世間の些事を持ち込まないのが基本ルールでした。

家康が会津の上杉景勝を討つ際、後顧《こうこ》の憂いを断つために、常陸《ひたち》の佐竹義宣《さたけよしのぶ》を取り込む必要がありました。そこで、家康は義宣の茶の湯の師匠だった古田織部《おりべ》を指名し、使者として義宣のもとに送りました。

家康は信長、秀吉ほどには茶の湯には熱心ではありませんでしたが、茶の湯の〝武器〟としての役割は十分に理解していました。織部は苦労しながらも、義宣を懐柔することに成功、家康の思惑は実を結びます。茶の湯の師弟関係を上手く活用した例といえるでしょう。

支配力や主従関係の強化に格好のツール

第3に、もっと即物的に、茶道具は支配力や主従関係の強化に格好のツールとして使われました。茶器を自分より下位の者に授与することで士気を高め、上位の者に献上することで自分という商品を売り込むプロモーションの手段ともなったのです。外交やモチベーションの道具として大いに利用されました。

たとえば、屈指の茶人として知られた松永久秀が信長に降伏した際、帰順の意を表するため、名器「付藻茄子茶入」を献上しました。信長は大喜びで、京都の妙覚寺で行った茶会で披露。信長が茶道具収集を始めるきっかけとなったともいわれています。久秀が信長に与えた影響は大きいものがありました。

「人間関係の武器」としての力を持ったことで、戦国武将の間で、ちょっとした茶の湯ブームが起こりました。そのブームをつくり、自在に活用し、武将たちを巧みにリードしていったのが信長でした。

価値のマーケティング
領地よりも名物が欲しい――「茶の湯革命」が褒償制度にも影響

茶会への招待などソフト面も活用

茶器が価値を持つようになると、贈答品・下賜品《かしひん》としての使い方が生まれます。希少価値のある茶や茶道具（名物）を進呈することで、人脈を広げたり、出世・栄達を図ったり、貴重な情報を入手したりすることが可能になりました。

茶器の、そうした側面をフル活用したのも信長でした。戦いで軍功をあげた者に、茶道具を下賜し、モチベーションを高めたのです。

天正10年（1582年）、信長は甲州征伐を図り、嫡男の信忠に軍を与えて信濃・甲斐国へ攻め込ませました。その際に攻略戦の主力となり武田勝頼を追い詰め、天目山麓《てんもくざん》で討ち取ったのが滝川一益でした。この功績をたたえ、一益に上野国《こうずけのくに》と信濃2郡が与えられました。

このとき、茶人としても知られる一益は「上野一国より秘蔵の茶入れ・珠光小茄子を賜りたい」と望みましたが、信長に、あっさり断られました。茶器1つが上野国に匹敵、あ

memo

御茶湯御政道　茶の湯を政治的に利用した信長の政策。信長は特定の家臣に茶の湯を許可し、茶の湯は武家儀礼としての資格を備えることとなった。茶の湯の政治化が信長によって築かれ、それを受け継いだ秀吉によって推し進められた。

るいは、それ以上に値打ちがあると考えられていたわけです。

実際、安土桃山時代には名物の値段は高騰しました。『山上宗《やまのうえのそう》二記《じき》』によると、祖母口の釜を荒木村重が500貫文、三日月茶壺を信長が5000貫文、百貫茄子茶入と新田肩衝《かたつき》茶入を秀吉が1万貫文で購入しています。比較は難しいのですが、1貫文を現在の価格に直して3万円程度とすると、1万貫文は3億円、5000貫文は1億5000万円に値します。

信長は茶や茶道具という「もの」だけではなく、茶会への招待、茶会を主催する権利などのソフト面も駆使したとされます。秀吉の書状のなかにある「**御茶湯《おちゃのゆ》御政道《ごせいどう》**」という文面によると、信長の「茶湯を仕るべし（「茶会を主催してもよい」の意）」との言葉に、秀吉は「生涯の感激」と主君への忠誠を新たにしたといいます。

堺の商人との結びつきを強めた！

村田珠光《じゅこう》の後、16世紀になって、珠光の孫弟子・武野紹鴎《じょうおう》、紹鴎の弟子・**千利《せんのり》休《きゅう》**らが登場し、日本の茶の湯が大成されました。紹鴎も千利休も堺の町衆。貿易を通して膨大な富を蓄えた自由都市・堺の住人が茶道文化の担い手となりまし

memo

千利休、津田宗及、今井宗久　3人とも戦国時代から安土桃山時代にかけての茶人で堺の商人。茶湯の天下三宗匠《さんそうしょう》と称せられた。信長が堺を直轄地としたときに彼らが茶頭を務めた。

た。墨跡《ぼくせき》（禅僧が毛筆で書いた字のこと。茶席に墨跡をかける習慣が、この頃定着していた）や絵画、陶磁器、漆器など「唐物」といわれる、珍しい茶道具も手に入りやすかったのです。

当時、茶の湯の名人といわれるには、唐物の道具を持っていなければなりませんでした。紹鴎は唐物の名物を、虚堂禅師《きどうぜんじ》の墨跡、曾呂利《そろり》の花入、石菖鉢《せきしょうばち》の水盤、紹鴎香炉など六十数種も所有。大変な目利きでもあり、新たな茶器を次々に発掘しました。

信長が堺の町衆に接近した理由は、いくつかあります。

第1に、信長の支配体制を支えるスポンサーになってもらうためでした。信長は尾張一国の領主だった時代から軍事システムを支える経済システムに目をつけ、楽市楽座などを実施することで新興の商人の誕生を促進。それらの商人から税や上納金を吸い上げ、経済的な基盤を整えました。

第2に、茶器の調達先と考えたからです。堺の町衆は博多商人らと並んで海外、特に中国との貿易を担っており、名物も多く保有していました。

第3に、鉄砲や火薬などの最先端のものを手に入れるためです。堺商人はヨーロッパ諸国との貿易（南蛮貿易）でも大きな役割を果たしていました。

第4に、堺は海上交通の要衝で、四国や九州などへの進取拠点と考えていたからです。信長にとって堺の町衆への接近は次の段階へ進む大きなステップとなりました。

後年、堺の町衆で、著名な茶人でもあった**津田宗及**《そうぎゅう》、千利休、**今井宗久**《そうきゅう》の3人を茶頭《さどう》に起用しています。「茶頭」とは「茶を点《た》てる者」を意味する言葉。信長は、それを転用して使いました。

特に、千利休との結びつきは強かった。宗及、宗久の2人は大店の経営者で、家業が忙しかったのかもしれません。天正元年（1573年）11月24日、信長は京都・妙覚寺で堺の代官・松井友閑《ゆうかん》、今井宗久、山上宗二《やまのうえそうじ》らを招き、茶会を催しましたが、その際、千利休が濃茶を点てました。このときは食事つきで、そのメニューが残っています。

信長は茶の湯をマーケティング的・戦略的に利用したといえます。天正2年（1574）4月3日、信長が京都・相国寺《しょうこくじ》で茶会を催しました。その約1週間前、信長は朝廷から聖武天皇の遺品とされる「蘭奢待《らんじゃたい》（伽羅《きゃら》の名香）」の一片を賜わりました。一片とはいえ、1寸8分（約5・5センチ）の長さといいますから、そこそこの大きさです。どんなに金銭を積んでも手に入るものではありません。蘭奢待を下賜されたのは足利義政以来。天下統一に最も近い大名と見られていたことがわかります。

信長はこの茶会に堺衆を招待しました。津田宗及、千利休の有力者2人に、扇に載せて蘭奢待を進呈しました。2人の持っている名物香炉に敬意を表したからといわれています。2人とも「他の堺衆はもらえなかった」と大喜びで、信長の人心掌握術が功を奏しました。

高額な茶器を進呈・下賜するとなると、名物がいくらあっても足りません。何より信長本人が茶器が大好き。フロイスの『日本史』でも、信長が特別に愛したものとして「著名な茶器、良馬、刀剣、鷹狩り」と「茶器」が筆頭にあげられているほどです。

茶器を集めるために、信長は松井友閑、丹羽長秀らを手足として、京都や堺で「名物狩り」を行いました。

『信長公記』にも「唐物天下の名物を召しあげた」とあります。「狩り」とはいっても対価は支払いましたが、いずれ劣らぬ名物ぞろいで、所有者にとっては手放すには惜しいものばかり。泣く泣く手放した者も多かったに違いありません。

信長×コトラーの時空を超えた！ 7章のまとめ対談

本章ではあなたが起こした「茶の湯革命」をとりあげました。私はマーケティング3.0を協働マーケティング、文化マーケティング、スピリチュアル・マーケティングの3つが融合したものだと説いています。

私は文化マーケティングを大いに活用しました。その手段として使ったのは茶の湯、茶器だった。

文化マーケティングとは消費者・ユーザーに文化的な価値を提供したり、商品開発やプロモーションに文化的なアプローチを行ったり、文化財保護などに貢献することで商品をプロモーションしたりするもの。

茶器が価値を持つようになると、贈答品、下賜品として使われるようになった。希少価値のある茶道具（名物）を下賜することで、部下のモチベーションを高めることもできたのだ。一益に上野国をほうびとして与えたときには「領地よりも名物が欲しい」といわしめたほどだ。

あなたは茶の湯をマーケティング的・戦略的に利用したのですね。スポンサーである堺の町衆をとり込むときにも大々的な茶会を催し、有力者に朝廷からの下賜品の蘭奢侍を贈るなどして人心を掌握、ファンづくりを行った。そのあたりの人心掌握術はさすがです。

自分でも人心掌握には注意を払っていたのだが、最後はあんなことになってしまった。まさか光秀が謀反を起こすとは…。

第8章

信長×コトラー②
ブランド戦略

本能寺の変と山崎の戦い――秀吉は善玉対悪玉の感動ストーリーづくりで、後継の地位を固めた

8章の視点

企業と消費者で世界を変革する協働マーケティング

マーケティング2・0は、顧客ニーズへの対応を大きな課題としていました。顧客ニーズに耳を傾け、ニーズに応える商品・サービスを提供し、その商品を買ってもらうことで利益を得ていました。マーケティング3・0は顧客ニーズだけでなく、広く社会や文化のニーズにも応えようとするものですが、ただちに問題が生じることがわかります。

第1に、そもそも社会や文化のニーズなど、はたしてつかめるのかどうか、第2に、社会や文化のニーズに応えたとして商売が成り立つのかどうかです。顧客は商品を購入し、代金を支払ってくれますが、社会や文化のニーズに応えたからといって、社会や文化が代金を払ってくれるわけではありません。ニーズをキャッチし、それに応えるという作業にもコストがかかります。そのコストは企業の持ち出しになりかねない。売り上げや利益の増大に結びつくとは限らないからです。

コトラーは「安心していい」といっています。米国やイギリス（日本も含めて）などの成熟市場では「好ましい社会文化的インパクトを有する企業を、ますます多くの消費者が支持するようになっている」(『コトラーのマーケティング3・0』。以下、本章で出典を明示しない引用文は、すべて同書による)からです。

たとえば、ウォルト・ディズニー・カンパニーは、米国食品医薬局が定めたガイドラインをもとに「体にもっといいものを」と題した社内ガイドラインを設定しました。きっかけは2004年のユニセフの報告書にあります。それを読んだ同社は、米国の5歳から9歳までの子どもの30%以上が体重過多で、14%が肥満であることを知りました。

子会社の1つが、さっそくアクションを起こしました。スーパーマーケットと組んで健康にいい食品を開発、プライベートブランドで売り出したのです。子会社はディズニーグループ全体の売上高のうち6%を占め、利益にも貢献、肥満を減らすことにも貢献しています。社会・文化ニーズに応えることが新しいビジネスにつながり、競合企業との強力な差別化の要因になったわけです。

もう1つ、コトラーは消費者をミッションの策定や製品開発、ブランド戦略などに参加させよ、とアドバイスします。それがマーケティング3・0を支える3本の柱の1つ、協働マーケティングです。

マーケティング3・0を実行している企業と消費者は、価値創造の活動を通して社会・文化ニーズに応え、ひいては世界を変えることを目指しています。

グローバル・ブランドとナショナル・ブランド

グローバル化（日本統一）を進める信長に、旧体制が反撃

野望崩壊！

天正10年（1582年）6月2日未明、明智光秀に率いられた1万3000の兵は織田信長の宿舎である京都・本能寺を取り囲みました。光秀は、まもなく全軍突入を指示、兵士たちが境内に乱入しました。

本能寺は東西140メートル、南北270メートルの広大な地所を持ち、四方に堀をめぐらし、その内側に堤を設けるなど、ちょっとした城塞のようでした。ただし、大軍を要する光秀軍にとっては、何ほどのこともありません。ときの声をあげて、兵士たちは寝所に迫りました。

騒ぎに気づいた信長が「誰の軍勢だ」と叫びます。小姓の森蘭丸が駆け寄り、「明智光秀の軍勢です」と答えると、信長は「是非におよばず」と、ひと言。頭脳明晰な光秀のことですから、抜かりはないでしょう。「逃げることは不可能」と覚悟を決めました。

側には小姓が数十人しかいません。小姓といっても戦闘要員です。武器を持って戦いました。手練《てだ》れの者も多く、戦時には信長の旗本（武将と直接主従関係を結んだ直参の者）を形成しました。前田利家も小姓出身で、小姓から一軍の将へと成長した者も少なくありません。平時には信長の身辺の世話にあたっていました。

信長は寝所から本殿へ移動し、弓を射ましたが、弦が切れたので、槍を持って戦いました。小姓たちは次々に討ち取られ、森蘭丸も討ち死にしました。信長は「女は苦しからず、急ぎ、まかり出よ」と女たちを追い出し、火を放つと、殿中に入って戸を閉めた上で、自害したと伝えられます。49歳でした。光秀軍は懸命に探したものの、遺体はついに発見されませんでした。

ついで光秀は3分の1ほどの兵を割いて、羽柴秀吉の中国遠征軍をバックアップするために、京都・妙覚寺に滞在していた信長の嫡男・信忠のもとへ急がせました。本能寺と妙覚寺の距離は約1・2キロしかありません。指呼《しこ》の間《かん》といえます。信忠には、京都所司代・村井貞勝から光秀が謀反を起こし、本能寺を襲ったとの知らせが入りました。

信忠は逃走することは考えず、光秀軍との戦闘を決意します。防御施設のない妙覚寺では戦えないので、貞勝の意見に従い、二条御所に移りました。光秀側と交渉し、二条御所の主である誠仁《さねひと》親王を内裏に移した上で戦闘を開始しました。

信忠に従う兵は、せいぜい500人程度。京都市中に分散していた直参の馬廻衆（騎馬武者）1000人も駆けつけましたが、約4000の光秀軍は悠々たるもので、隣の近衛前久邸から、さんざんに矢や鉄砲を打ち入れた後、怒濤《どとう》のように押し寄せました。

兵力の差は埋められません。善戦はしたものの、ものの1時間ほどで、皆討ち取られました。信忠は家臣が退去を勧めたものの受け入れず、自分の遺体を床下に隠すよう命じた後、信長の後を追いました。享年26歳でした。その後、二条御所には光秀軍が火をつけ、焼け落ちました。

信長に殉じた信忠は、若武者らしい最期でしたが、「脱出の可能性があったのでは」と、あきらめの早さを指摘する声もあります。確かに光秀軍の包囲網は万全とはいえませんでした。生き延びようという意思があれば、京都からの脱出も可能だったかもしれません。

グローバル化が進むと、伝統的文化も強化される

本能寺の変はコトラー流にいえば、織田信長というグローバル・ブランドに対する、明智光秀というナショナル・ブランドの反撃と見ることができます。信長はグローバリゼーション（日本統一）の権化《ごんげ》のような人物でした。中小の戦国大名が支配し、群雄割拠《ぐんゆうかっきょ》の状態だった日本列島を統一しようとしました。大和や近江、摂津、河内、丹波といった地方ブランドを駆逐し、着々と日本ブランドを確立しつつあったのです。

本能寺の変

天正10年6月2日（西暦1582年6月21日）
山城国本能寺で光秀が謀反を起こす

織田軍
指揮官　織田信長
　　　　織田信忠
兵　力　100人

VS

明智軍
指揮官　明智光秀
兵　力　1万3000人

▼

- ✓信長は本能寺に火を放ち自刃
- ✓信長の嫡男・信忠も応戦したものの自刃
- ✓光秀は6月5日に安土城に入ったものの、秀吉軍との山崎の戦いで、状況が苦しくなると戦場を離脱。いったん本拠地の近江・坂本城に帰還しようとしたところを地元民に襲われ、絶命

「グローバル化は普遍的なグローバル文化を生み出す一方で、同時にそれに対抗する力である伝統的文化を強化するのである。これはグローバル化の社会文化的パラドックスであり、個人、すなわち消費者に最も直接的な影響を及ぼす」

グローバル化を進めることで、グローバル文化が生まれますが、その一方、急速に進むグローバル化が気に入らず、それに反発する勢力は伝統文化に肩入れします。

信長に対する反発も強かった。上杉、北条、毛利、長宗我部ら地方の有力大名はもちろん、比叡山や一向宗などの宗教勢力、朝廷、堺の町衆らも信長の勢力の伸長を危惧していました。

朝廷は、やきもきしていました。信長が上洛して以降、権大納言《ごんだいなごん》、右大臣といった称号を授与し、天皇制のなかにとり込んだと見えた信長が突然、右大臣を返上し、無官に戻ったからです。年号の問題も不安をかきたてました。信長は「天正」という年号をきらい、朝廷に対して執拗に年号を改定するよう迫りました。

本能寺の変の前日の6月1日にも、信長は公家たちを招き茶会を開催、このときも年号の改定を強く迫りました。天子の専管事項である年号の制定権すら奪われかねないと朝廷は危惧しました。

いっときは蜜月の関係にあった堺の町衆も「信長に見捨てられるのでは」という懸念を抱いていました。前日の茶会に招かれたのも、博多の豪商、島井宗室や神屋宗湛《かみやそうたん》らでした。天下統一が目前に迫り、信長の目は堺から世界に開かれた貿易基地、博多に移っていました。

善玉ブランド

〝悪玉〟の信長を打倒する救世主として打って出た光秀

信長に対する〝無力感〟が本能寺の変を引き起こした

信長が一躍名をあげたのは永禄3年（1560年）の桶狭間の戦いでした。その後、徳川家康、武田信玄、浅井長政と同盟し、東からの脅威を防ぐと、美濃攻撃に専念。時間はかかったものの、永禄10年（1567年）には斎藤氏を滅ぼし、美濃を征服しました。井之口の名前を岐阜に改め、本拠をここに移します。

折よく、足利義昭が助勢を求めてきたことから、義昭を助けて、永禄11年（1568年）、上洛の邪魔になっていた近江の六角氏を攻め落とした上で、京都へ入りました。畿内の中心部を掃討し、義昭を将軍の座につけることで、天下布武へと大きく前進しました。

その後、北伊勢、続いて南伊勢を落とします。義昭と衝突し、たもとを分かった後、石山本願寺、一向一揆勢、朝倉義景、浅井長政、武田勢などと激闘を展開、大半を滅ぼしました。残っていた有力大名の毛利、上杉、長宗我部らも信長軍の侵攻が予定され、風前の灯。本能寺の変の時点で、信長は実質的な日本の最高権力者となっていました。

グローバル化(日本統一)を推し進める信長に対し、有力大名、宗教勢力、朝廷、京都・堺の町衆など既存勢力は無力感を覚えます。コトラーは次のように述べています。

「普通の人びとは自分たちを、地域社会も環境もないがしろにするグローバル企業に対して無力な存在であるととらえていると主張した。この無力だという感覚が、これらのグローバル企業に敵対する消費主義運動をかきたてているのである。無力感は、消費者の思いに共鳴し、世界をよりよい場所にしようとする信頼できるブランドを、人びとが切望していることの裏返しでもある。このようなブランドは、マーケティングに対する姿勢において、善対悪の構図に対する人びとの関心に応えるシティズン・ブランドである」

つまり、強引にグローバル化を進めるグローバル企業・信長に対し、いまや既存勢力は歯が立ちません。漠然と「昔はよかったな」と思っている層も含めて、反発はいよいよ強くなったものの、自分たちの手では反撃できません。

そうした状況を打開してくれる**救世主、シティズン・ブランド、ナショナル・ブランドの登場**を待ちわびていました。

グローバル化の行方

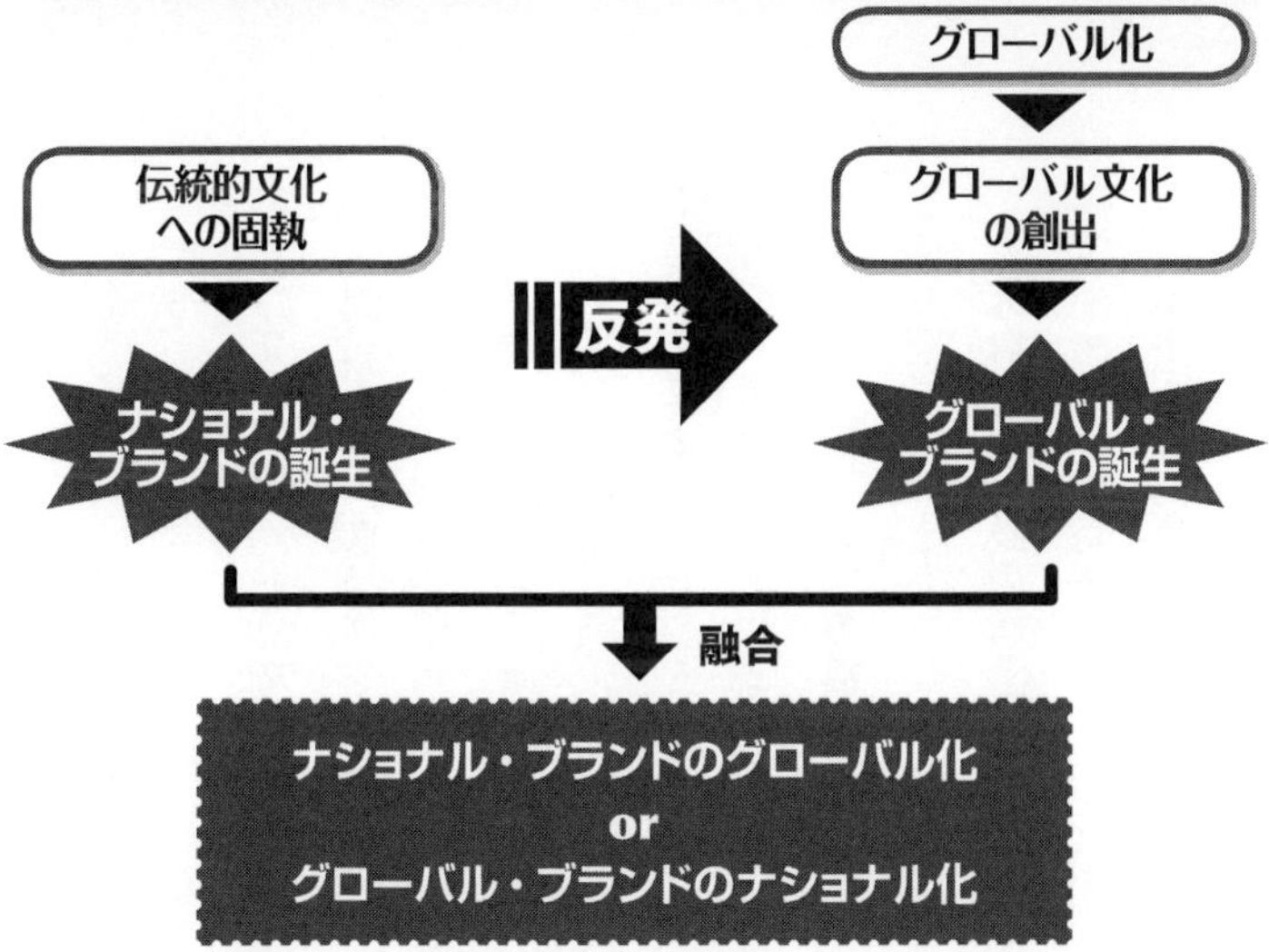

信長は近代（近世を飛び越えて）の創造者といえます。新しいものは、いつの世にも徹底的に排斥されます。**本能寺の変は近代に対する中世や前近代の揺り戻し**のようなものです。背後には新しいものを排除しようとする中世という時代そのものの意思があったのかもしれません。

信長の癇癪がエスカレート

晩年になるにしたがって、信長の癇癪《かんしゃく》は激しくなり、少々のミスでも許しませんでした。安土城で、法華宗の僧侶と浄土宗の僧侶の対論を行わせたことがあります。法華宗が敗れると、信長は法華宗側の者を厳罰に処し、以後他宗への法論を行わないよう誓わせました。

さらに、京都にあった法華宗のすべての寺院を破壊し、法華宗を絶滅させるよう命じました。ただし、フロイスの『日本史』によると、「大勢の人々が彼ら（法華宗の僧侶）のため憐れみを乞うたので、彼は金二百枚を支払わせることにし」て、命令を撤回しました。

また、『日本史』には次のようなエピソードもあります。

「かつて信長は、政庁の数名の召使の女、または婦人たちに対してひどい癇癪を起し、彼女たちを厳罰に処した。そのうちの一人か二人は処罰された後、ある山の真中にあり、城から三、四の射程距離にある一仏寺に逃れた。このことが信長の耳に入ると、彼は、聖霊降臨の祝日の前夜のことであったが、その寺の全僧侶を捕縛させ、その同じ夜、彼らの僧院、およびその他、隣近所に住んでいる人たちの家屋にも放火させ、翌日には一人も生かしておくことなく全員を殺させたが、その数はおびただしかった」

信長の癇癪は止まりません。外部だけでなく、内部にも着実に敵をつくっていきました。人びとは**「善対悪」の構図**でとらえ、**悪玉の信長ブランドに対抗する善玉ブランドの登場**を待ち望んでいました。そうした空気を読んで登場したのが光秀です。

光秀自身も信長の所業に対して不安を感じていました。信長のお気に入りだったことは事実ですが、接待責任者として徳川家康を安土城で歓待している最中に、急きょ、秀吉が率いる中国方面軍の救援を命じられるなど、扱いが2番手、3番手となっていました。

信長の怒りを買えば、降格・追放されたり、場合によっては殺害されたりするおそれさえあります。そのリスクを減らすためには、討たれる前に討つしかありません。光秀は自分を正当化するために、自らを「反グローバル化」運動の旗手と位置づけました。

ところが、旧勢力は拍手喝采で迎えてくれません。

本能寺の変後、光秀は安土城を接収すると、秀吉の長浜城、丹羽長秀の佐和山城と主のいない城を占領、京都へと入りました。朝廷や公家衆には好意的に迎えられましたが、味方づくりは遅々として進みません。

娘を輿入《こしい》れさせた細川藤孝《ふじたか》・忠興《ただおき》親子からは光秀軍への参加を断られ、盟友の筒井順慶も一度は承諾しながら、秀吉の軍勢が東上しているとの情報に接するや城にこもったまま出てきません。

一方、秀吉の軍勢は直属の家臣団こそ8000にすぎませんでしたが、東上するうちに次々と援軍が合流、光秀軍と激突した山崎に到着したときには、2万8000にまでふくれあがっていました。

文化ブランド

善対悪の構図がつくれなかった光秀の失敗

善玉の役割を果たしきれなかった光秀

本能寺の変後、信長旗下《きか》の司令官たちのなかで、天下を取るまでの「シナリオ」を描けたのは羽柴秀吉ただ1人でした。クーデターを起こした明智光秀さえもシナリオを描けず、多数派工作にあたふたしているなか、秀吉は冷静に1週間先、1カ月先、1年先を見据えていました。

コトラーの言葉を吟味すると、光秀の失敗の理由が見えてきます。コトラーは次のように述べました。

「(伝統的な)文化ブランドの多くは、グローバル・ブランドに代表される望ましくないグローバル文化に反発し、グローバル・ブランドの代わりを求めている消費者の選好に応えようとするナショナル・ブランドである。文化ブランドは悪玉のグローバル・ブランドに対して善玉の役割を果たすのである」

ナショナル・ブランドとは国内だけに限られているブランドのことです。**光秀の失敗は善玉になれなかったこと**です。光秀は信長という巨悪に対して善玉の役割を果たすことが求められていました。

悪玉のグローバル・ブランドに対し、善玉の文化ブランドでなければならなかったわけです。ところが、主君である信長を殺してしまった。さすがに戦国時代でも主君殺しの印象はよくない。大半の人々は光秀を善玉と見なしてくれませんでした。

本能寺の変後、光秀は情報戦・広報戦を展開しなくてはなりませんでした。朝廷を脅し、変の前の日付で「信長を討て」との勅命《ちょくめい》を発布させ、大義名分を手に入れるとともに、いかに信長が悪いやつであったかを徹底的に広報する必要がありました。

フロイスが書いているほどですから、信長の残虐性を伝えるエピソードには、事欠きません。そうしたエピソードを盛り込んで、「正義を執行するために、主君を討つのもやむを得なかった」とのストーリーをつくる必要があったのです。

その上で説得すれば、筒井順慶、細川親子は光秀軍に参加したかもしれません。「主君殺し」の汚名を負ったおかげで、むしろ信長が「善」、光秀が「悪」という逆転の構図になってしまいました。

秀吉に課された信長後継者の地位を築くための3つのイベント

ライバルの秀吉は、こうした情報戦は得意中の得意です。主君殺しの光秀を成敗するために中国路を東上していると周囲に印象づけ、味方を糾合し、山崎の戦いに臨みました。

本能寺の変の際、秀吉は中国方面軍司令官として備中《びっちゅう》の高松城を水攻めにしていました。中国方面軍が組織されたのは天正5年（1577年）。天正8年（1580年）には播磨の三木城、天正9年（1581年）には因幡の鳥取城を得意の兵糧攻めで落とし、とりあえず毛利氏の上洛を阻止しました。

続いて毛利氏の本領ともいえる備中に侵攻、清水宗治《むねはる》が城主を務める備中・高松城に迫りました。防御が固いことを知った秀吉は、ここでも兵糧攻めを敢行します。川の水をせき止め、高松城の周囲は湖のようになりました。あとは、じっくり開城を待てばいいだけでしたが、本能寺の変の情報を得ると、ただちに毛利輝元と講和し、「中国大返し」と呼ばれる、驚くほど短期間での東上を成し遂げました。

信長旗下の武将たちが有力な競合でした。当面の敵はもちろん光秀でしたが、残りの方面軍司令官や有力武将が、どのように動くかわかりません。頭脳をフル回転させて、いかに競合を退けるか（味方につけるか）、考えに考え抜きました。後になって振り返ると、当時の秀吉が信長の後継者としての地位を得るためには、次の3つのビッグイベントに勝たなければならなかったのがわかります。

第1ラウンド　光秀との戦い（山崎の戦い）
第2ラウンド　織田家の後継者選びおよび領地再分配に関する会議（清洲会議）
第3ラウンド　勝家との戦い。織田勢力を二分する激戦（賤ヶ岳《しずがたけ》の戦い）

秀吉は稀代の戦略家で、中国大返しの時点で、すでに第3ラウンドまで視野に収めていたことは間違いありません。それどころか、その先に待っている東海の徳川、越後の上杉、相模の北条、中国の毛利、四国の長宗我部、九州の島津ら競合する大名との対決、合従連衡《がっしょうれんこう》、吸収合併までを考慮に入れていたのかもしれません。

とにかく、3つのラウンドを勝ち抜かなければいけません。秀吉の課題は味方づくりでした。1万足らずの兵力では最終的に勝ち残ることは難しい。有力な部将をできるだけ大勢、味方につけなければなりません。

「主君殺しの仇を討つ」との大義名分があるのは、ありがたかった。誰も正面切って反対するわけにはいかないからです。東上しながら、秀吉の味方づくりは着々と進行していきます。丹羽長秀、池田恒興《つねおき》らの重臣に加え、光秀の方面軍に組み入れられる予定だった中川清秀、高山右近らも秀吉軍に加わりました。

天正10年（1582年）6月13日、京都の山崎で両軍がぶつかったときには、秀吉軍2万8000、光秀軍1万2000。2倍以上の差がありました。光秀側に近江・坂本城の守備などに人数を割かなければいけない事情はあったにせよ、戦いは人数が多いほうが圧倒的に有利で、戦いが始まる前に勝敗は決していたといえます。

スピリチュアル・マーケティング
秀吉の「主君の仇討ち」という単純明快なストーリー戦略

善玉ブランドのポジションを築いた秀吉

秀吉は善玉ブランドとしてのポジションを築きました。善と悪は相対的なものです。光秀という悪玉がいたおかげで秀吉というグローバル・ブランドは（伝統文化を破壊するグローバル・ブランドであるにもかかわらず）、善玉として受けとめられたのです。**信長は「善」、光秀は「悪」、悪である光秀を打ち破った秀吉は「善」**と見なされました。

「消費者はいまでは自分たちのニーズを満たす製品やサービスだけでなく、自分たちの精神を感動させる経験やビジネスモデルを求めている。意味を提供することが、マーケティングにおける未来の価値提案である」

とコトラーは述べました。秀吉は意味の提供者でした。しかも、ストーリーがわかりやすい。主君の仇討ちという単純明快なストーリーが人々の心を動かしたのです。

善玉としての役割を秀吉は最大限に生かします。信長軍団は比較的フラットな組織なので、本能寺の変の時点では秀吉は丹羽長秀、池田恒興、堀秀政、中川清秀、高山右近らとは同僚にすぎません。

ところが、山崎の戦いが終わった後、まるで臣下に呼びかけるように奮戦を慰労、いつの間にか主従の関係ができあがっていました。秀吉の面目躍如《めんもくやくじょ》というところです。

7月11日には秀吉は細川藤孝・忠興親子に書状を発行、光秀の領地だった丹後を忠興に与えました。同じ日に筒井順慶も秀吉に人質を差し出し、臣従の礼をとります。光秀に近い2人がひざを屈したのですから、多数派工作は順調に進んでいたといえます。

第2ラウンドの清洲会議も会議が始まる前に勝負は決していました。天正10年（1582年）6月27日、信長の後継者を決めるために、尾張の清洲城で会議が行われました。主要な出席メンバーは秀吉、勝家、長秀、恒興の4人でしたが、もはや長秀、恒興は秀吉の臣下といってもいい。1対3では多勢に無勢で、勝家の意見が通るはずもありませんでした。

清洲会議では勝家の推す信長の三男・神戸信孝と秀吉の推す信忠の遺児・三法師とで意見が分かれました。このとき、長秀は秀吉の側に立って決定的な役割を果たしました『川《かわ》角太閤記《ずみたいこうき》』には次のようなエピソードが収録されています。秀吉が三法師を擁立すること

秀吉の善玉ブランド戦略

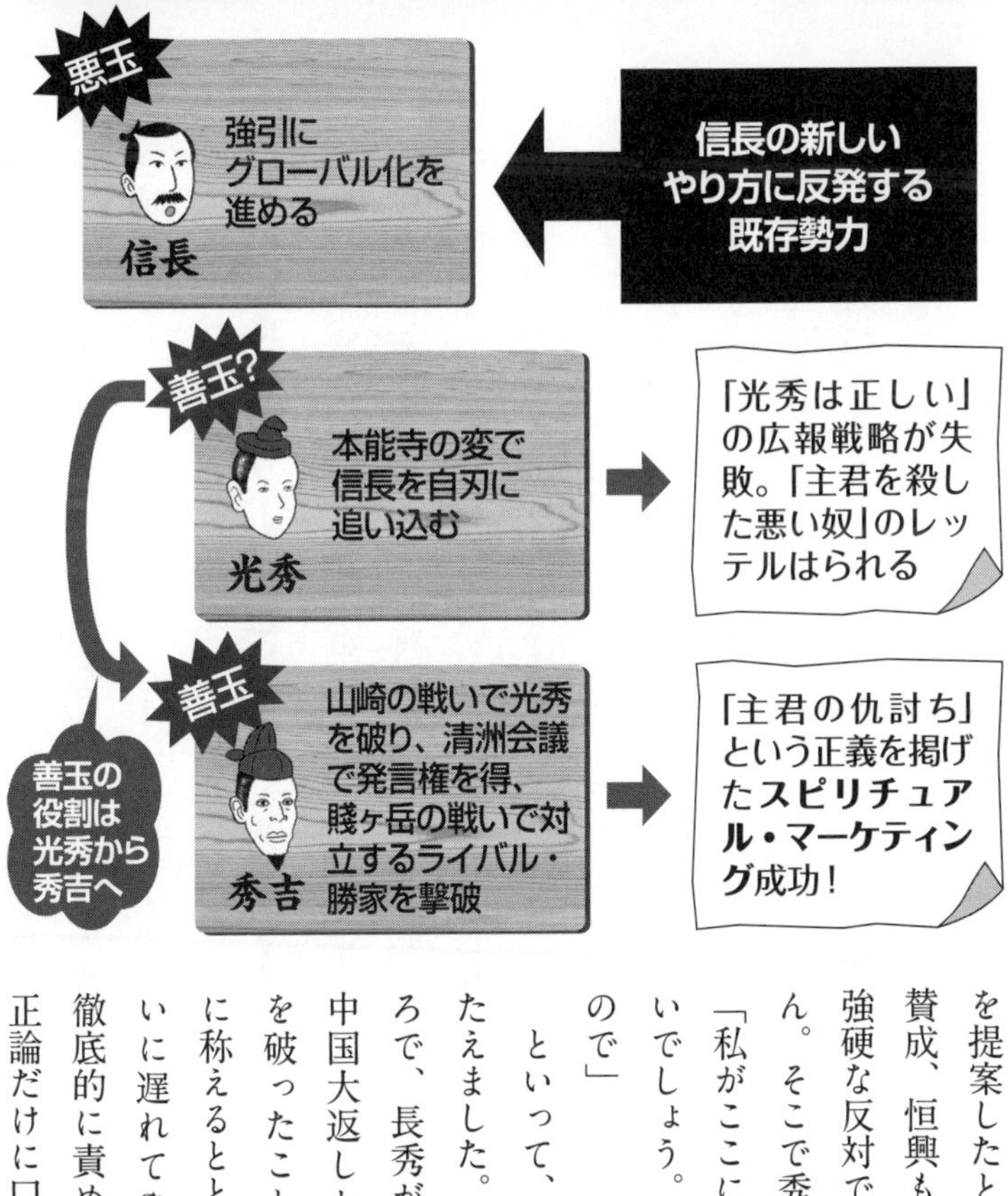
悪玉
強引に
グローバル化を
進める
信長
信長の新しい
やり方に反発する
既存勢力
善玉?
本能寺の変で
信長を自刃に
追い込む
光秀
「光秀は正しい」
の広報戦略が失
敗。「主君を殺し
た悪い奴」のレッ
テルはられる
善玉
山崎の戦いで光秀
を破り、清洲会議
で発言権を得、
賤ヶ岳の戦いで対
立するライバル・
勝家を撃破
秀吉
「主君の仇討ち」
という正義を掲げ
たスピリチュアル・マーケティング成功!
善玉の
役割は
光秀から
秀吉へ

を提案したところ、まっさきに長秀は賛成、恒興も支持したものの、勝家の強硬な反対で、なかなか結論は出ません。そこで秀吉は、

「私がここにいたなら、相談もしにくいでしょう。ちょっと腹痛もありますので」

といって、座を外し、別室で体を横たえました。秀吉がいなくなったところで、長秀が長広舌《ちょうこうぜつ》を振るいました。中国大返しから山崎の戦いで光秀軍を破ったことなど秀吉の功績を大いに称えるとともに、主君の仇討ちの戦いに遅れてやってきた勝家の怠慢を徹底的に責めました。青くなる勝家。正論だけに口をはさめません。

結局、勝家は長秀にあやまり、三法師を後継者とすることを承諾しました。そこへ秀吉が現れ、一件落着というわけです。長秀の弁舌が存分に威力を発揮しました。秀吉と長秀の描いたシナリオ通りだったのではないでしょうか。

「われに正義あり」のスピリチュアル・マーケティングを実行

長秀は築城・内政などは大の得意で、天正4年（1576年）に安土城を建設した際は普請《ふしん》奉行を務めました。当時、流行した戯《ざ》れ歌に「木綿《もめん》藤吉、米《こめ》五郎左、かかれ柴田に、退《の》き佐久間」と信長の武将を歌ったものがありました。木綿のように便利な木下藤吉郎（羽柴秀吉）、戦いの先鋒を務めることが多かった勝家、しんがり（隊列の最後尾の部隊）が得意だった佐久間信盛とともに、コメのように欠かすことのできない人物との意味で、長秀が歌い込まれていました。

本能寺の変が起きたとき、長秀は神戸信孝が司令官を務める四国方面軍の副司令官として堺にいて、徳川家康の接待役を務めていました。四国方面軍は5月17日に大坂湾岸に集結。武器や糧食を船に積み込んだ上で、本能寺の変の当日の6月2日に出発することになっていました。

そこにクーデターの情報が伝わると、逃亡兵が相次ぎ、方面軍は、たちまち解体状態に陥りました。1万4000～1万5000の兵力が、またたく間に6000～7000人に減り、実質的に方面軍は崩壊しました。ただ、この後、長秀は残った部下を率いて、東上してきた秀吉軍に合流します。将の将としてのリーダーシップは欠如していましたが、時流を読む洞察力は、さすがでした。

天正11年（1583年）4月、対立していた秀吉と勝家による賤ヶ岳の戦いが行われました。第3ラウンドの始まりです。

秀吉軍は52キロの距離を、わずか7時間で移動する「美濃大返し」を実行するなど、スピードで圧倒、勝家軍を撃破し、自害にまで追い込みました。これによって、天下は、ほぼ秀吉の手中に落ちました。

秀吉が3ラウンドとも**勝利した一番の理由は「われに正義あり」というスピリチュアル・マーケティングを実行したから**です。コトラーはこう述べています。

「企業は、わが社はどのような会社であり、なぜ事業を行っているかを理解しなければならない。どのような会社になりたいのかを把握していかなければならない。そして、それらすべてが企業のミッションやビジョンや価値に埋め込まれていなければならない。その企業が人間の幸福にどのように貢献しているかを消費者が認識すれば、利益は自ずとついてくる。これが企業の視点から見たスピリチュアル・マーケティング、すなわち精神に訴えるマーケティング」

企業発信とはいえ、ミッションやビジョンが消費者・ユーザーのニーズとかけ離れていては受け入れてもらえません。**ミッションやビジョンを策定する際には、自己満足に陥らないよう消費者の参加を心がける必要**があります。

信長が、ついに野望を実現できなかった理由も、ここにあります。部下やステークホルダー（利害関係者）に対するスピリチュアル・マーケティングが決定的に欠如していました。信長自身は功利主義的な人間なので、人間が感情の動物であることを理解していなかった。「人は合理的に動く」「人は自分にとって最も利益になりそうなものを選択する」と思いこんでいました。

スピリチュアル・マーケティングを展開する際は対話（言葉）が不可欠です。信長が最終的に何を目指しているのか、目的を達成するために、どんな手段をとろうとしているのかを上位の臣下には説明しておく必要がありました。

ところが、それを怠りました。

言葉が足らないと疑心暗鬼が生じます。「織田株式会社の発展が自身や一族の幸福につながる」と確信できれば、光秀の反逆はなかったかもしれません。部下に対するスピリチュアル・マーケティングの欠如。ここに信長の最大の失敗があります。

信長×コトラーの
時空を超えた！

8章のまとめ対談

第8章ではブランド戦略にスポットライトをあてました。「本能寺の変」は私流にいえば、織田信長というグローバル・ブランドに対する、明智光秀というナショナル・ブランドの反撃と見ることができますね。

当時の日本は山城、摂津、河内、伊勢など、さまざまな小さな国からなっていた。私は中小の戦国大名に支配された、バラバラな状態だった日本列島を統一しようとしたのだ。地方ブランドを駆逐し、日本ブランドというグローバル・ブランドを確立しようと。

ええ、わかっています。グローバル化を進めるとグローバル文化が生まれるのですが、その一方で、グローバル化が気に入らず、それに反発する勢力は伝統文化に肩入れする。あなたに対する既存勢力の反発もすごかった。そうした勢力の代表として表舞台にいわば、担ぎ出されたのが光秀だったのでしょう。

光秀のヤツ。私の野望があと一歩のところで…。本能寺の変後の光秀はまるでいいところがなかった。結局、善玉ブランドにはなれず、中途半端な最期となったわけだ。

代わって善玉ブランドとして受けとめられたのは秀吉でしたね。善と悪は相対的なもので、悪である光秀を討ったことで秀吉は善と見なされました。しかも、主君の仇討ちという単純明快なストーリーが人々を感動させ、秀吉に対する支持を集めました。

秀吉は情報戦がうまいヤツだったから。私に足りなかったのは、人は感情で動くということを理解していなかった点だ。合理的すぎたんだろう。もう少しスピリチュアル・マーケティングを理解していたら、私の野望も実現していたはずだが。

おわりに

信長の終焉は示唆に富んでいます。

本書では第1に、威嚇と脅しのマネジメントの失敗、第2に、部下に対するスピリチュアル・マーケティングの欠如を指摘しました。いずれにせよ「恐怖と粛清による支配」は長続きしません。部下が疑心暗鬼になり、裏切りと反逆が日常化します。

英雄ナポレオンも信長に似ています。ナポレオン本人が「利益と恐怖、それはどんな人間でも動かさずにおかない。2本の強力なテコである」と述べているように、彼もまたアメとムチによってリーダーシップをとりました。

その結果、どうなったか――。

ナポレオンが宰相・外相に登用したタレーランは敵国オーストリアと組んで、ナポレオンの追放を企てましたし、秘密警察の長官に抜擢したフーシェはタレーランに近づき、ナポレオンの失脚をねらいました。

軍司令官として重用したベルナドットはドレスデンの戦いの際、こともあろうに敵方である連合軍の北方面軍司令官を務めました。

元帥のネイは晩年のナポレオンに退位を要求。ルイ18世のもとに馳せ参じ、自分の地位を確保しました。ナポレオンがエルバ島を脱出した際、ルイ18世に対して「ナポレオンを鉄格子の檻に入れて、お目にかけましょう」と述べましたが、ナポレオンから参加を促す手紙が来ると、そそくさとナポレオン軍に参加。ナポレオンがワーテルローの戦いで敗れると、ふたたびルイ18世に忠誠を誓いました。変節漢としかいえません。いずれにせよ、信長と同様、ナポレオンも信頼していた人間に裏切られたわけです。

では、信長やナポレオンは、どのようなリーダーシップをとればよかったか――。

これはもう「対話のマネジメント」しかありません。特に自分の分身ともいえる事業部長(各方面軍司令官)とは徹底的に話し合い、ビジョンや目的の共有を図るべきでした。

ドラッカーも事業部制を成り立たせるためには「全社共通のビジョンが欠かせない。各事業部は自律性を持っているが、独立しているわけではなく、そうあるべきでもない。自律性が与えられているのは、あくまでも全社の業績を高めるための手段としてなのである」(『マネジメント 務め・責任・実践』)と指摘しています。事業部は自律性を持っていますから、放っておいたら、本社から離反しかねない。それを食い止めるためにはアメとムチを強化するよりもビジョンや目的を共有することのほうが有効です。

信長とビジョンや目的を共有できず、いつ自分のクビが切られるかわからない恐怖心に駆られていた光秀。しかも自分の命令ひとつで動く1万数千人の兵力があるとなれば、裏切りを決意するのも当然といえます。

信長の生涯は、よきにつけ悪しきにつけ、経営やビジネスの参考になることが多い。その成功だけでなく、失敗にも目を向けることで、大きな教訓を得ることができます。

岡林秀明

主な参考文献

『原本現代訳信長公記　上下』
太田牛一(原著)、榊山潤(訳)　ニュートンプレス

『完訳フロイス日本史１～３』
ルイス・フロイス(著)、松田毅一、川崎桃太(訳)　中央公論新社

『戦争論　上下』
カール・フォン・クラウゼヴィッツ(著)、篠田英雄(訳)　岩波書店

『日本の歴史12　天下一統』
林屋辰三郎(著)　中央公論新社

『激闘織田軍団「天下布武」への新戦略』「中世を革命した比類なき先見と独創精神」
小和田哲男(執筆)　学研

『欣求楽市 ― 戦国戦後半世紀』
堺屋太一(著)　毎日新聞社

『織田信長合戦全録 ― 桶狭間から本能寺まで』
谷口克弘(著)　中央公論新社

『図解兵法 ― 組織を率いる戦法と策略』
大橋武夫(著)　ビジネス社

『ソニーと松下　上』
立石泰則(著)　講談社

『新訂　競争の戦略』
マイケル・E・ポーター(著)、土岐坤、中辻萬治、服部照夫(訳)　ダイヤモンド社

『競争優位の戦略 ― いかに高業績を持続させるか』
マイケル・E・ポーター(著)、土岐坤(訳)　ダイヤモンド社

『マイケル・ポーターの競争戦略』
ジョアン・マグレッタ(著)、櫻井祐子(訳)　早川書房

『マネジメント　務め、責任、実践Ⅰ～Ⅳ』
ピーター・F・ドラッカー(著)、有賀裕子(訳)　日経ＢＰ社

『現代の経営　上下』
ピーター・F・ドラッカー(著)、上田惇生(訳)　ダイヤモンド社

『企業とは何か』
ピーター・F・ドラッカー(著)、上田惇生(訳)　ダイヤモンド社

『ドラッカー名著集1　経営者の条件』
ピーター・F・ドラッカー(著)、上田惇生(訳)　ダイヤモンド社

『ドラッカー名著集5　イノベーションと企業家精神』
ピーター・F・ドラッカー(著)、上田惇生(訳)　ダイヤモンド社

『コトラー＆ケラーのマーケティング・マネジメント第12版』
フィリップ・コトラー、ケビン・レーン・ケラー(著)、恩蔵直人(監修)、月谷真紀(訳)　ピアソン・エデュケーション

『コトラーのマーケティング3.0　ソーシャルメディア時代の新法則』
フィリップ・コトラー、ヘルマワン・カルタジャヤ、イワン・セティアワン(著)、
恩蔵直人(監訳)、藤井清美(訳)　朝日新聞出版

■著者紹介

岡林秀明（おかばやし・ひであき）

経営コンサルタント。広告代理店の制作部門を経て、経営（マーケティング）コンサルタントとして独立。中小企業のコンサルティングを行いながら、広告、Webサイト、商業印刷物（会社案内、広報誌、事業・環境報告書など）の制作・編集・コピーライティングを行っている。著書に『コトラーのマーケティング理論が2.5時間でわかる本』『ドラッカーの理論が2.5時間でわかる本』（TAC出版）、『内部統制の評価と監査がよ～くわかる本』『「投資ファンド」の基本と仕組みがよ～くわかる本 第2版』『はじめてでも安心！ 金ETF投資入門』（秀和システム）、『知識ゼロからの環境ビジネス入門』『知識ゼロからの農業ビジネス入門』（幻冬舎）、『「ビジネスブログ」で儲かる会社になる』（東洋経済新報社）、『ドラッカー　一流の仕事をするプロの教え』（共著、アスペクト）、『異聞！　暗殺の日本史』（共著、宝島社）などがある。

ブックデザイン　ナカグログラフ（黒瀬章夫）
カバー＆本文イラスト　近江カズヒロ

織田信長《おだのぶなが》が実践《じっせん》していた！ 野望《やぼう》を実現《じつげん》させる「現代《げんだい》ビジネス戦略《せんりゃく》」

2013年3月5日　初　版　第1刷発行

著　　者　岡　林　秀　明
発 行 者　斎　藤　博　明
発 行 所　TAC株式会社　出版事業部（TAC出版）

〒101-8383 東京都千代田区三崎町3-2-18 西村ビル
電 話 03(5276)9492(営業)
FAX 03(5276)9674
http://www.tac-school.co.jp

組　　版　株式会社　三　協　美　術
印　　刷　株式会社　光　邦
製　　本　東京美術紙工協業組合

© Hideaki Okabayashi 2013

Printed in Japan　ISBN 978-4-8132-4540-7

落丁・乱丁本はお取り替えいたします。

本書は，「著作権法」によって，著作権等の権利が保護されている著作物です。本書の全部または一部につき，無断で転載，複写されると，著作権等の権利侵害となります。上記のような使い方をされる場合には，あらかじめ小社宛許諾を求めてください。

EYE LOVE EYE

視覚障害その他の理由で活字のままでこの本を利用できない人のために，営利を目的とする場合を除き「録音図書」「点字図書」「拡大写本」等の製作をすることを認めます。その際は著作権者，または，出版社までご連絡ください。

幸せの順番

あなたがうまくいっていないのは、なぜでしょう。"人生においてやるべきものごとには、順番がある"と気づいた瞬間、仕事もプライベートもうまくいくようになります！ 著者が、苦難の前半生を経て見出した「人生のステップアップ法」とは?

鳥飼 重和・著
定価1,260円(税込)

月商倍々の行政書士事務所 8つの成功法則

厳しい行政書士の業界で横並びのやり方をしてはジリ貧に…。 資金・人脈・経験がなくてもどんどん稼げる、開業と経営の"非常識"な成功法を教えます！

伊藤 健太・著
定価1,470円(税込)

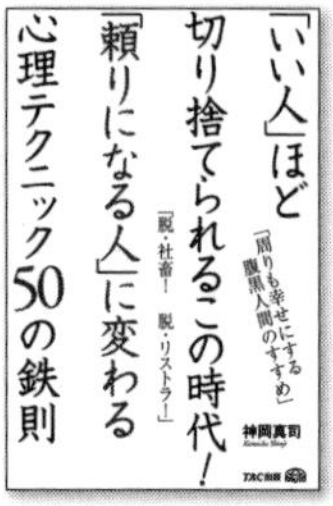

「いい人」ほど切り捨てられるこの時代！「頼りになる人」に変わる心理テクニック50の鉄則

ちょっとした心がけで、「いい人」から「頼りになる人」へ！ 自分の心をコントロールしてたくましい心を持ち、他人の心を巧みに操って思い通りに動かせるようになるための心理コントロール術を紹介します。

神岡 真司・著
定価1,260円(税込)

好評発売中

クレーム・パワハラ・理不尽な要求を必ず黙らせる切り返し話術55の鉄則
神岡真司・著／定価1,260円(税込)

「上質な基本」を身につける！ ビジネスマナーの教科書
美月あきこ with CA-STYLE・著／定価1,050円(税込)

コトラーのマーケティング理論が2.5時間でわかる本
岡林秀明・著／定価1,260円(税込)

TAC出版

価格は税込です。

ご購入は、全国書店、大学生協、TAC各校書籍コーナー、
TAC出版の販売サイト「サイバーブックストア」(http://bookstore.tac-school.co.jp/)、
TAC出版注文専用ダイヤル(0120-67-9625 平日9:30～17:30)まで

お問合せ、ご意見・ご感想は下記まで
郵送：〒101-8383 東京都千代田区三崎町3-2-18
TAC株式会社出版事業部
FAX：03-5276-9674
インターネット：左記「サイバーブックストア」